Stratégie Achats

Groupe Eyrolles
61, bd Saint-Germain
75240 Paris Cedex 05

www.editions-eyrolles.com

Le Code de la propriété intellectuelle du 1er juillet 1992 interdit en effet expressément la photocopie à usage collectif sans autorisation des ayants droit. Or, cette pratique s'est généralisée notamment dans l'enseignement, provoquant une baisse brutale des achats de livres, au point que la possibilité même pour les auteurs de créer des œuvres nouvelles et de les faire éditer correctement est aujourd'hui menacée. En application de la loi du 11 mars 1957, il est interdit de reproduire intégralement ou partiellement le présent ouvrage, sur quelque support que ce soit, sans autorisation de l'éditeur ou du Centre français d'exploitation du droit de copie, 20, rue des Grands-Augustins, 75006 Paris.

© Groupe Eyrolles, 2014
ISBN : 978-2-212-55778-7

Olivier Wajnsztok – Isabelle Royal – Hugues de Sazilly
Jean-Philippe Cécille

Stratégie Achats
L'essentiel des bonnes pratiques

EYROLLES

Sommaire

Remerciements VII
Introduction IX
   L'émergence de la fonction Achats IX
   Des basiques et des définitions XI

Chapitre 1 - L'alignement stratégique 1
   Harmoniser les stratégies 1
   Aligner la stratégie Achats sur la stratégie d'entreprise 2
   Exemples d'alignement stratégique des Achats 3
   Maîtriser ses fournisseurs : stratégie de panel 11

Chapitre 2 - Augmenter la marge 39
   Augmenter la marge par effet prix 41
   Augmenter la marge par la démarche coût complet 72
   Augmenter la marge par une approche stratégique et managériale . 84
   Le management de la *cost base* : mise sous contrainte
   de la performance des achats hors production 93
   Le coût de tous ces acheteurs : rentabilité 97
   La balance des pouvoirs dite la « balance de Sazilly » 103
   Conclusion 105

Chapitre 3 - Manager les risques 107
   La matrice des risques 107
   Les risques financiers 111
   Les risques opérationnels 117
   Les risques juridiques 131
   Les risques d'image 141
   Les risques d'achat dans les pays à bas coûts 144

Chapitre 4 - Améliorer le cash 147
   La contribution des acheteurs aux paiements des clients ... 149
   Réduction des stocks 149
   Réduire les immobilisations : louer ou acheter 156
   Transformer des frais fixes en frais variables 162
   Conditions de paiement 164

Chapitre 5 - **Développer la croissance** 169
    Projets 170
    Time to market 174
    Innovation 178
    Supplier Relationship Management 181
    La logistique 182
    Développement durable et responsabilité sociétale
    des entreprises (RSE) : créateur de valeur même au regard de la seule
    performance Achats ? 183

Conclusion 195

Bibliographie 197

Glossaire 205

Index 211

Remerciements

Nous remercions David Besson et Innana Martin pour leur utile relecture, ainsi que les consultants AgileBuyer pour leurs nombreuses remontées du terrain.

Nous remercions également la crise d'avoir mis à mal la rentabilité des entreprises et de pousser ainsi les achats à rétablir cette rentabilité ; l'accélération du tempo du monde des affaires et la globalisation à avoir aidé l'intégration des achats en amont dans les projets ; Lehman Brothers d'avoir réveillé nos entreprises sur leur gestion du cash ; Fukushima, les crises alimentaires ou les révolutions d'avoir pointé la gestion des risques comme vitale à l'entreprise.

Enfin, nous remercions tous les bons fournisseurs, les mauvais acheteurs, les prescripteurs brouillons et les managers trop accommodants ; ils nous ont inspirés pour cet ouvrage.

Introduction

L'émergence de la fonction Achats

La fonction Achats monte en visibilité et en responsabilité depuis quarante ans, avec une accélération sur les toutes dernières années. Il y a eu trois grandes étapes.

La première étape est liée aux conséquences sur les entreprises du second choc pétrolier de 1979. Les prix des matières premières flambent. Il faut trouver des solutions. Cette crise a obligé les entreprises, principalement industrielles, à chercher de nouvelles sources d'approvisionnement et à structurer leurs démarches Achats. Le « acheter moins cher » a accompagné le « acheter moins ». Le slogan « La chasse au gaspi » en était l'étendard en France. Par exemple, si une entreprise achetait des pièces en plastique, elle se mettait à réfléchir à la façon de réduire l'épaisseur de son produit tout en gardant les mêmes qualités du produit final. La deuxième étape, au début des années 1990, a vu la véritable croissance du métier d'acheteur comme une conséquence d'un nouveau capitalisme, le « capitalisme actionnarial » comme l'appelle Daniel Cohen[1], dont l'une des conséquences est que la performance de l'entreprise doit être aisément comparable à celle de ses compétiteurs. La performance ne doit pas être polluée par une tâche aval (la fabrication des sous-composants) ou un service lié au fonctionnement (le restaurant d'entreprise, le gardiennage). L'entreprise se concentre sur son « cœur de métier » et achète les produits et services nécessaires à son fonctionnement et sa fabrication.

Et cette notion de « cœur de métier » change tout. Dans les années 1960, les constructeurs automobiles manufacturaient 80 % d'une voiture. Aujourd'hui, le pourcentage avoisine plutôt les 20 %. Une entreprise performante sous-traite pour des raisons de compétence ou de capacité, et aussi pour gagner en agilité. En effet, pourquoi réaliser en interne une tâche

---

1. Daniel Cohen, *Trois leçons sur la société post-industrielle*, Seuil, 2006.

que d'autres produiraient mieux ou moins cher alors que celle-ci n'est pas stratégique ?

Au « acheter moins cher » et au « acheter moins », s'est ajouté le « acheter mieux ». C'est notre troisième étape. Les démarches qualité, les systèmes d'information, les logiques de gestion globale de la chaîne d'approvisionnement, la réduction du temps de création et de diffusion des nouveaux produits (time to market), ou l'approche de responsabilité sociale et sociétale des entreprises alimentent ce « acheter mieux ».

Dans cette course à l'optimisation, un service ou un produit est composé d'un patchwork de savoir-faire, donc d'origines. Le « fait maison » est totalement désuet. Le moindre téléphone portable regroupe des morceaux de logiciels issus du monde entier. Une poupée Barbie est un incroyable puzzle : le plastique arrive de Taïwan, les cheveux viennent du Japon, l'assemblage est effectué en Chine, les moules sont fabriqués aux États-Unis.

La complexification des processus de production et la difficulté à déterminer les technologies gagnantes pour chacun des composants, donc à tout miser sur une seule technologie pour chaque composant, sont les raisons principales de l'externalisation croissante. Une voiture ne peut plus être pensée de A à Z par la même poignée d'ingénieurs.

Sur fond de « rêve » d'entreprise sans employés, ou au moins avec un minimum d'entre eux, le travail doit bien être fait ; donc idéalement par des entreprises sous-traitantes. Et tout s'achète chez de bons fournisseurs : le matériel, l'immatériel, l'intelligence, la flexibilité, la R&D, la production, le marketing, etc. Bien entendu, en restant dans les limites du fameux « cœur de métier ».

La fonction Achats sort grandie de ces mutations.

Soyons réalistes. Dans certaines structures, les basiques Achats ne sont toujours pas appliqués. Et dans d'autres organisations matures agissant dans des environnements externes complexes au sein d'organisations souvent matricielles, le processus Achats est tellement morcelé que les fondements Achats sont oubliés.

> Une stratégie Achats « réussie » est un facteur clé de succès de l'entreprise qui la porte, un élément différenciant et un critère de compétitivité incontournable.

Les entreprises ne peuvent plus improviser leurs achats mais doivent se montrer professionnelles et performantes sur l'ensemble de leurs processus dans des environnements et des organisations souvent matricielles de plus en plus complexes.

Nous partons d'un principe simple : les Achats sont là pour servir la stratégie de l'entreprise. Ils font partie intégrante des choses essentielles pour une entreprise : le chiffre d'affaires, la marge, la trésorerie, la gestion des risques et l'innovation. Cet ouvrage se propose de montrer comment les Achats contribuent à ces cinq points et leur alignement avec la stratégie adoptée.

Des basiques et des définitions

Tous les besoins de l'entreprise ne se ressemblent pas. Et la professionnalisation des Achats a entraîné la segmentation des métiers et de véritables méthodologies adaptées à chaque typologie d'achat. Nous distinguons en particulier :

- Les achats directs ou « de production », liés au cœur de métier de l'entreprise, qui sont des achats devant être intégrés à la production après transformation. Il peut s'agir de matières premières, de composants, de pièces semi-finies ou encore de sous-ensembles qui seront assemblés. Si l'entreprise propose du *facility management*[1], les achats de prestations de services tels que le nettoyage, l'accueil, le multitechnique ou le gardiennage qui permettent de proposer une offre globale aux clients et qui sont revendus, peuvent être considérés comme des achats directs.

- Les achats indirects ou « hors production » qui sont des achats de produits et de services liés, non plus au cœur de métier de l'entreprise, mais aux dépenses de fonctionnement. Il s'agit, entre autres, des achats généraux,

---

1. L'ensemble des services qui permettent le bon fonctionnement d'un bâtiment pour le confort de ses occupants.

des services à l'occupant du type restauration d'entreprise, des impressions de proximité, des voyages professionnels ou des véhicules de fonction.

- Les achats marchands qui sont des produits et services achetés pour être revendus sans transformation. C'est le cas du négoce, des achats de la grande distribution ou de la distribution spécialisée.
- Les achats projet qui sont liés au cœur de métier de l'entreprise mais en phase amont, avant le début de la production alors que le besoin n'est pas figé.

Les transformations que les organisations Achats ont connues depuis trente ans, pour monter en compétence et augmenter leur maturité au sein des organisations, sont passées par les étapes suivantes :

- La mise en place d'un processus qui décrit le « qui-fait-quoi » et « le comment », depuis la spécification du besoin jusqu'au paiement du fournisseur.
- La recherche de la performance par la globalisation des achats et la mise en place de synergies. L'entreprise exploite l'effet volume, la globalisation interne et les synergies verticales lorsqu'elle rachète les entreprises de certains fournisseurs ou certaines activités de ses fournisseurs.
- Le travail en amont, c'est-à-dire l'anticipation et la définition des politiques Achats, cadre des dépenses futures. En parallèle, les organisations déploient des politiques qualité, contribuent à la fiabilisation des sources d'approvisionnement et, plus globalement, tentent de limiter les risques liés aux processus Achats.
- Une politique Achats efficace et réussie doit prendre en compte l'ensemble de la chaîne des valeurs.
- Les achats sont un facteur de vente, captant les innovations des fournisseurs au service de leurs propres produits.

Ce livre décrit donc la valeur apportée par un service Achats en pleine maturité.

La rapidité de la mise en place d'un processus Achats découle de la part que représentent les achats dans l'ensemble du chiffre d'affaires ; elle dépend aussi de la pression externe exercée par l'écrasement des marges bénéficiaires. La performance Achats a donc un impact direct et fort sur les bénéfices de l'entreprise.

Chapitre 1
L'alignement stratégique

L'alignement stratégique sert à créer et à renforcer les convergences et les synchronisations des services avec les finalités de l'entreprise. Dans un contexte de forte concurrence internationale, la cohérence stratégique est un enjeu de performance et d'agilité pour les entreprises. Les directions Achats vont donc aligner leur stratégie sur celle de leur direction générale, afin d'améliorer en continue la qualité et l'efficacité de leur contribution aux résultats.

Harmoniser les stratégies

L'alignement stratégique consiste à ce que les fonctions de l'entreprise suivent la même ligne stratégique. Plusieurs alignements sont possibles :
- stratégie financière et stratégie client ;
- conseils d'administration et investisseurs ;
- stratégies internes et formation, développement professionnel ;
- fonctions opérationnelles ou support, y compris les Achats.

Lorsqu'une entreprise a une stratégie financière dont les principaux objectifs sont de maximiser la création de valeur, d'améliorer la marge globale et d'identifier des opportunités pour une croissance exceptionnelle, la stratégie client pourrait s'aligner en apportant plus de savoir-faire et de conseils, en mettant en œuvre de nouveaux concepts et en développant un réseau clients plus large.

Quand une entreprise doit mettre en place de nouveaux processus afin d'intégrer une nouvelle activité, elle doit créer une synergie avec sa stratégie de formation et de développement. L'entreprise, dans ce cas, définit les connaissances et la culture nécessaires pour intégrer la chaîne de valeur.

Les entreprises créent de la valeur, en alignant leurs fonctions supports. Les Achats en particulier mettent en place des stratégies découlant de celles de leur entreprise.

Chacun de ces alignements a pour objectif d'éviter les phénomènes de dispersion et de divergence des visions au sein de l'entreprise pour garantir la même priorisation des sujets.

Les Achats étant parfois considérés comme une fonction support et non comme une entité opérationnelle, l'alignement des Achats avec la stratégie d'entreprise n'est pas toujours effectué.

Aligner la stratégie Achats sur la stratégie d'entreprise

L'alignement de la stratégie Achats sur celle de l'entreprise passe par plusieurs étapes : la direction Achats doit intégrer la stratégie de l'entreprise. Elle détermine ensuite sa politique pour la mettre en cohérence avec la stratégie de l'entreprise.

La direction Achats aligne son organisation interne de manière à exécuter la stratégie. Elle définit donc une feuille de route, les tableaux de bord et les budgets.

Enfin, la direction Achats évalue les performances des actions engagées en utilisant des tableaux de bord, les retours d'informations des clients internes et les audits internes.

L'agenda du reporting des Achats au comité exécutif devra répondre à la stratégie d'entreprise. Ci-dessous, un exemple d'agenda pour un reporting mensuel.

Outre les indicateurs « classiques » de performance, il convient d'ajouter quelques éléments sur les « sujets chauds » en mode traitement qualité de type « QRQC » (Quick Response Quality Control que l'on appellera Quick Response Supplier Control). Et outre le fait de démontrer (et de vérifier) que les Achats sont sur les priorités opérationnelles de l'entreprise, ce thème rencontre généralement un vif intérêt de la part des membres du comité. Il permet d'aborder des problèmes contractuels, logistiques ou de santé financière.

Exemple d'agenda de reporting mensuel au comité exécutif

Achat production :
- performance Achats projet ;
- performance Achats production ;
- performance qualité ;
- coût de la non-qualité et suivi des remboursements fournisseurs ;
- performance logistique.

Achats hors production :
- budget ;
- performance Achats ;
- taux de contractualisation.

Autres :
- paiement fournisseur et besoin en fonds de roulement ;
- Quick Response Supplier Control ;
- plan de progrès ;
- situation du personnel et budgets de fonctionnement.

Exemples d'alignement stratégique des Achats

▪ Stratégie pays à bas coûts

Pour faire face à une concurrence de plus en plus agressive, les entreprises ont des politiques de réduction de coûts. La stratégie adéquate dans ce cas serait de réaliser les achats dans des pays à bas coûts. Cela consiste à aller acheter des produits ou des services dans des pays où la main-d'œuvre est abondante et peu chère, à condition bien sûr que les fournisseurs soient qualifiés et suivis afin d'avoir le niveau requis.

La mise en œuvre de cette stratégie a des conséquences importantes pour l'entreprise : gestion de la chaîne logistique, immobilisation du capital, suivi de qualité, gestion des fournisseurs... La direction Achats ne peut pas à elle seule porter la responsabilité de ces changements.

Acheter localement pour le marché local

Dans un contexte de mondialisation des marchés, les entreprises ont la volonté de se développer à l'international. Elles veulent conquérir de nouveaux marchés et se concentrer sur les marchés à fort potentiel de vente.

De nombreux pays, en voie de développement ou non, imposent des lois strictes ou des barrières douanières pour développer leur économie locale.

On notera par exemple :

- En Chine, les taux de contenu local pour fabriquer des voitures dans ce pays et la liste de produits que le constructeur doit absolument acheter localement ;
- Aux États-Unis, le *Buy American Act* est une loi américaine de l'entre-deux-guerres qui oblige, initialement, l'achat de produits sur le territoire américain pour les achats effectués par l'État américain. Par extension, d'autres donneurs d'ordres que l'État américain se sont vu soumis à la même contrainte.
- En Afrique du Sud, l'indice *Black Economic Empowerement* (BEE). Cette note, de 1 à 9, donnée à chaque fournisseur/fourniture, s'ajoute au prix et au pourcentage de contenu local pour évaluer une offre dans ce pays.

Et pour tous les pays, le pourcentage des taxes à l'import qui évolue en fonction des pays et des produits est un vrai casse-tête.

On notera que les contraintes de contenu local sont en général liées à des marchés d'État (le bâtiment et les infrastructures, le nucléaire, le ferroviaire, etc.) et les secteurs « stratégiques » (le marché automobile en Chine par exemple).

Cependant, au-delà de ces aspects réglementaires, la localisation est une question d'efficacité opérationnelle. En effet, les impacts lorsque l'on produit à des milliers de kilomètres du lieu de consommation sont énormes en termes de temps de réponse et de stocks. Les leçons apprises lors d'une crise, et qui concernent la qualité ou la logistique intercontinentale, finiront de convaincre le management de limiter la délocalisation. À cela s'ajoutent encore les problèmes culturels et l'impact « écologique ».

Cette stratégie d'acheter localement pour vendre localement permet de se rapprocher du client final, de mieux « marketer » son produit, et d'assurer un meilleur lobbying auprès des autorités et décideurs locaux.

En général, pour s'aligner sur cette stratégie de localisation, la direction Achats doit mettre en place une stratégie de sourcing et Achats dans ces pays où l'entreprise entend se développer. Définir la stratégie est aisée mais la mettre en application est parfois coûteux ou nécessite un partenaire local.

Tableau 1 – Pourquoi acheter localement pour produire localement

1. Contrainte pays	Avantages réglementaires
	Barrières douanières
2. Coût	Compétitivité locale
	Coûts de transport
	Flux de trésorerie et stocks
3. Réactivité	Réduction des délais de livraison
	Réaction aux aléas de la demande
4. Gestion de la qualité	Efficacité
5. Client	Marketing
	Lobbying

▪ Équilibrer les ventes et les achats en devises

Afin d'éviter les effets néfastes des fluctuations des monnaies, l'entreprise doit équilibrer ses flux d'achat et de vente en devises. En effet, les rapports annuels des multinationales font toujours mention de l'impact du taux de change sur le réalisé par rapport au budget. Et si l'impact sur le chiffre d'affaires est difficilement gérable, les Achats devront travailler pour garantir la performance de rentabilité.

Exemples

Le secteur de la construction de bateaux de plaisance a des ventes en croissance aux États-Unis, en US dollars, alors que la fabrication et les coûts associés sont en Europe. Pour annuler le risque de change, les

Achats ont redéfini leur stratégie pour acheter leurs matières premières et leurs services en dollar.

Dans l'industrie aéronautique, le marché est facturé dans le monde entier en US dollars alors que le constructeur européen a près de la moitié de ses coûts en euros. Fin 2007, voyant la baisse du dollar par rapport à l'euro, les entreprises du secteur ont émis le souhait de transférer une partie de leur production et de leurs fournisseurs en zone dollar afin de limiter les effets de change.

Pour appréhender l'impact des variations de taux de change, il suffit d'analyser la courbe de taux de change euro-dollar ces dernières années.

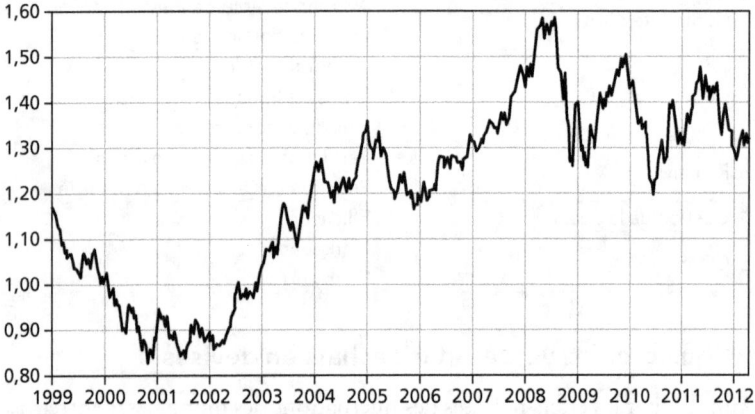

Figure 1 – Variation du dollar par rapport à l'euro depuis 1999

La gestion du risque de taux de change et des achats de devises est de la responsabilité du département trésorerie de l'entreprise. Cependant, les contributions de la direction Achats à cette gestion sont les suivantes :

• Le niveau 0 de la gestion du taux de change est la couverture du taux entre la réception d'une facture en devise et son paiement. Il faut définir un *process* avec la comptabilité et la trésorerie pour acheter le jour de la réception de la facture les devises correspondantes qui seront versées au fournisseur à l'échéance.

- Le niveau 1 est de garantir au client interne le prix d'achat de la marchandise ou du service. L'acheteur devra se mettre d'accord avec le fournisseur sur la devise et/ou sur le taux qui sera applicable à la facturation par rapport à la date de nomination d'un fournisseur ou de commande. L'acheteur qui achète en devises pourra faire porter le risque du taux de change à son fournisseur ou le partager avec lui, et définira également des règles de mise à jour des prix. Si l'acheteur achète dans sa monnaie, le contrat peut faire référence et être indexé à la devise de production du fournisseur ou à la devise du « marché » (l'US dollar pour l'électronique par exemple). Ainsi, l'entreprise connaîtra parfaitement le risque devise de ses achats.

- Le niveau 2 est de construire un budget d'achat en devises. La direction financière fournira pour chaque année fiscale les taux de change applicables pour garantir l'homogénéité des budgets. Le budget d'achat, détaillé par centre de coût et par devise, sera transmis à la trésorerie qui définira avec les flux entrants et intercompagnies sa politique en matière de devises et sa gestion du risque.

- Le niveau 3 est, nous l'avons vu, d'utiliser les achats comme moyen d'application de sa politique devises et gestion du risque.

■ Intégration et innovation des fournisseurs

Lorsqu'une entreprise a une stratégie de développement de nouveaux produits, elle investit de façon significative dans la recherche et le développement. Pour s'aligner sur cette stratégie d'entreprise, la fonction Achats doit intégrer en amont les fournisseurs les plus innovants afin de bénéficier de leur savoir-faire et de leur expertise. En interne, elle doit optimiser ses liens avec la fonction ingénierie. Les deux fonctions peuvent ainsi être associées par exemple dans la rédaction des cahiers des charges, la recherche et l'homologation de nouveaux fournisseurs de produits ou de services spécifiques.

Les constructeurs et les équipementiers automobiles ont une maturité en ce domaine. À titre d'illustration, on peut citer la technologie « quatre roues motrices » qui permet une meilleure tenue de route, adaptée aux véhicules de tourisme et qui a été mise au point grâce au partenariat entre un constructeur et un équipementier allemands.

Make or buy

Le *make or buy* consiste à analyser les activités ou les produits de la société, et de décider s'il faut continuer à les produire en interne ou bien s'il faut faire appel à un prestataire extérieur. Les activités de production et/ou d'ingénierie de produits jugés non essentiels, qui ne sont pas au cœur du métier, sont externalisées.

A contrario, l'entreprise peut décider d'internaliser pour améliorer sa performance qualité ou logistique. La réalisation d'une analyse de la valeur logistique, que nous verrons plus loin, peut amener à rapatrier des productions ou compétences en interne.

L'analyse des activités « cœur de métier » doit être faite suivant plusieurs axes, avec quelques questions simples :

- L'axe client : l'activité est-elle vue par mes clients comme un avantage concurrentiel ? Me permet-elle d'avoir un service plus complet, de meilleurs services, un meilleur chiffre d'affaires... y compris en pièces de rechange ?
- L'axe compétition : l'abandon de cette activité ne va-t-elle pas favoriser la compétition ? Ne vais-je pas abandonner une compétence clé ? Créer un nouveau compétiteur qui aura un accès plus facile à mon marché ?
- L'axe profit et ressources : suis-je le plus performant pour effectuer ces opérations ? Combien cela me coûte-t-il réellement ? Le capital et les ressources que je dédie à ces opérations n'auraient-ils pas un meilleur emploi et un meilleur retour sur investissement ?
- L'axe fournisseur : y a-t-il des fournisseurs capables de faire mieux ? À quelles conditions ? Ou, au contraire, la maîtrise de cette opération me permet-elle d'améliorer ma performance cash/qualité/réactivité ?

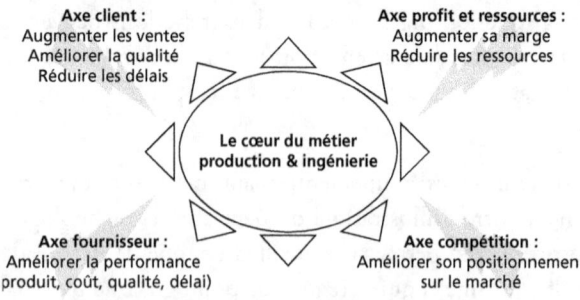

Figure 2 – L'analyse du « cœur du métier »

Nous pourrions citer comme exemple facile à mettre en œuvre une société qui améliore sa marge. Cette société se concentre vers des opérations à forte valeur ajoutée nécessitant des compétences coûteuses. Elle peut rapidement faire des économies en externalisant l'activité à une société avec une main-d'œuvre et des coûts de structures adaptés.

Il y a deux économies réelles : sur les coûts directs et sur les coûts indirects. Cependant, l'économie sur les coûts indirects est plus longue à mettre en œuvre. Si ces coûts demeurent et doivent s'amortir différemment au départ, leur bonne affectation permet à la fois une bonne lisibilité de la performance et de la marge par produit, et au management de prendre les bonnes décisions.

Exemples

> L'industrie automobile sous-traite la fabrication de ses câbles (activité à forte main-d'œuvre) dans les pays à bas coûts. Le coût de la minute de production est bien moindre que dans ses propres usines (salaires les plus bas, machines amorties, maintenance la plus faible). Pour parvenir au résultat, il a fallu un travail complet sur les coûts de structures directs et indirects pour vérifier la bonne allocation de l'ensemble des coûts amortis sur les opérations de câblage en ajoutant les coûts de restructuration.
> Dans l'industrie automobile toujours, lorsque les constructeurs sont devenus des assembleurs de système, ils ont externalisé non seulement la production mais aussi l'ingénierie de produits non clés pour l'entreprise. Aujourd'hui, les constructeurs n'ont plus de compétences en systèmes de climatisation, sièges, planches de bord, etc.
> Un autre exemple est fourni par Microsoft. Historiquement, la firme était l'un des fournisseurs du système d'exploitation des PC d'IBM. Microsoft a réussi à convaincre IBM de lui sous-traiter intégralement le système d'exploitation. IBM a accepté sous prétexte de faire des économies. Mais en réalité, IBM a sous-traité une partie stratégique du PC. La plupart des professionnels pensent que c'était une énorme erreur en termes de décision de *make or buy*. Microsoft a eu le succès que l'on connaît sur les systèmes d'exploitation et les logiciels associés, devenant l'une des plus belles *success stories* à l'américaine. IBM ne produit plus d'ordinateurs. Il a vendu sa division PC, devenue très peu rentable.

Dans ces opérations, l'acheteur doit « batailler » plus en interne avec ces collègues pour avoir une analyse objective et fiable des coûts qu'avec ses fournisseurs. Bien souvent, la simple comparaison d'un scénario A avec un scénario B – souvent demandée par la finance pour évaluer le retour sur investissement d'une dépense – ne suffit pas à conclure.

Lorsque la décision d'externaliser est prise, les difficultés ne font en fait que commencer. Il faut organiser le transfert et dédier des ressources de l'entreprise pour l'effectuer. Si la décision d'externaliser n'a pas fait l'unanimité, il est difficile d'y consacrer du temps. Ainsi, de manière volontaire ou non, on se retrouve dans des configurations *ship and fix* : j'externalise puis je règle les problèmes avec le fournisseur ; ce qui n'est pas la meilleure solution en termes de coût/qualité/délai mais souvent la seule solution pour gérer le problème. Ce surcoût de l'opération d'externalisation « sauvage » – et la charge associée chez l'acheteur et le fournisseur – est à prendre en compte dans l'étude de cas.

Exemple

> Dans un exemple récent d'*outsourcing* de l'emballage de produits finis et de leur expédition, les équipes techniques n'ont pas créé les spécifications emballages et transport, mais se sont dépêchées de transférer la responsabilité au fournisseur. Charge au fournisseur de les créer : « S'il a été choisi c'est pour son expertise ». Les coûts de démarrage ont simplement été triplés pendant trois mois. Heureusement, l'acheteur avait provisionné ce surcoût dans son étude mais vu de l'entreprise, le travail n'a pas été optimal.

Au-delà de la volonté de réduire les coûts, cette décision relève des orientations stratégiques sur le moyen et le long terme. Les Achats sont là encore au service de la stratégie d'entreprise. Mais, cette dernière a peu de chance d'aboutir si elle n'est pas soutenue par le management de l'entreprise, ou si elle n'est pas compensée localement pas une croissance du chiffre d'affaires.

Maîtriser ses fournisseurs : stratégie de panel

L'activité des fournisseurs est un prolongement de l'activité de l'entreprise selon le concept de l'entreprise étendue. L'alignement stratégique du panel fournisseurs constitue donc une des priorités dans la mission des Achats.

En fonction des besoins de l'entreprise (produits commercialisés, développement de nouveaux produits, recherche de partenaires, etc.), la direction Achats développe sa stratégie en créant, gérant, rationalisant le panel fournisseurs et en recherchant de nouveaux fournisseurs.

Le panel fournisseurs est établi pour chaque segment Achats géré par la direction des Achats, certains fournisseurs pouvant être présents sur plusieurs segments ou familles Achats.

Rationaliser son panel fournisseurs, c'est décider qui sont les meilleurs fournisseurs sur chacun des segments Achats identifiés. Au-delà du coût, les fournisseurs doivent être évalués sur la qualité des produits, le service rendu, le respect des délais de livraison contractuels, leur capacité à progresser, l'innovation, la flexibilité et leur implication dans le développement durable.

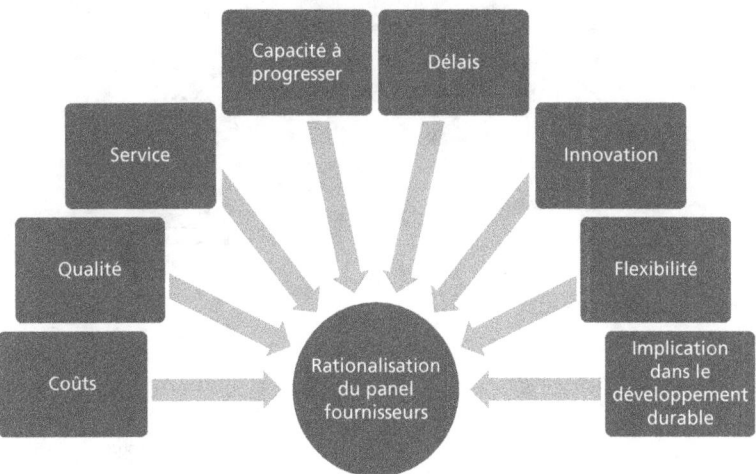

Figure 3 – Maîtriser ses fournisseurs : stratégie de panel

Source : AgileBuyer

■ Typologie des fournisseurs

En fonction de l'état concurrentiel du marché, de la technicité du produit, du nombre de références concernées, des risques encourus et de la vision stratégique des fournisseurs, on peut classer ceux-ci sous différents statuts :

- Un « partenaire privilégié » sera un fournisseur qui a une maîtrise technique et technologique d'un produit ou d'un service. Il a une vision stratégique compatible avec celle de l'entreprise, notamment par l'innovation, et devient de ce fait un partenaire avec un partage des risques et des profits.

- Un « bon fournisseur global » sera un prestataire qui propose dans son catalogue plusieurs types de produits ou services. Des volumes d'achat importants peuvent être regroupés chez lui.

- Il existe aussi des « bons fournisseurs locaux », des « fournisseurs à risque », le risque pouvant être situé à différents niveaux tels que la qualité, la stabilité économique, la dépendance achat, etc.

La direction Achats doit mettre en place des règles de gestion, de suivi et de communication du panel.

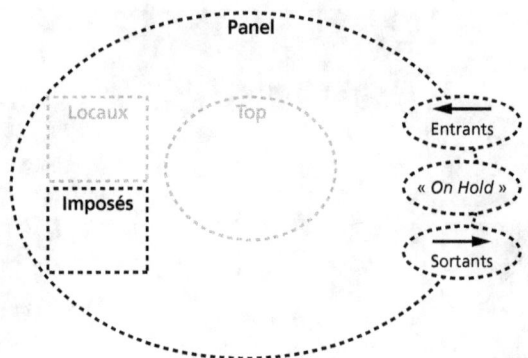

Figure 4 – Maîtriser ses fournisseurs : stratégie de panel

Source : AgileBuyer.

Un panel fournisseurs est la combinaison optimale de fournisseurs capables et compétitifs qui permet d'assurer les meilleures conditions de concurrence sur un segment de produit ou de service donné.

Dans le panel, certains fournisseurs sont identifiés comme :
- des fournisseurs « top » ;
- des fournisseurs « locaux » ;
- des fournisseurs « imposés » ;
- des fournisseurs « entrants » ;
- des fournisseurs « *on hold* » ;
- des fournisseurs « sortants ».

Le panel fournisseurs est dynamique ; il y a des fournisseurs entrants et des fournisseurs sortants, mais un fournisseur peut également changer de statut au sein du panel.

■ Comment travailler avec les fournisseurs « top » ?

Les fournisseurs « top » sont les fournisseurs qui sont en mesure de répondre au mieux aux demandes de l'entreprise. Ils sont également capables d'aligner leurs méthodes et leurs processus sur les positions stratégiques du client. Ils accompagnent les donneurs d'ordre dans leurs développements et sont sources d'innovation. Ils sont également plus suivis que les autres. Pour simplifier, on pourrait dire que les fournisseurs « top » ont une stratégie alignée avec celle du client.

Les fournisseurs « top » symbolisent le partenariat ; même si le mot « partenariat » est souvent galvaudé parce que trop couramment utilisé pour des relations classiques d'affaires.

Les fournisseurs « top » sont ceux dont l'acheteur attendra le plus en termes de plan de progrès partagés. L'acheteur les écoutera avec respect car ces fournisseurs ont gagné leur confiance et sont crédibles. Ils feront l'objet du pilotage le plus serré de la part de l'acheteur avec des évaluations hebdomadaires, mensuelles, et annuelles bien sûr. Des journées « innovation » et des visites sur site fournisseurs relèveront aussi de ce pilotage serré.

Le principal levier dont dispose l'acheteur est la mise en compétition. Son rôle consistera ainsi à bien répartir les volumes d'achat entre ces fournisseurs afin d'éviter l'écueil absolu : le monopole d'un de ces fournisseurs « top ».

Le fournisseur doit également demander plus à son client. Par exemple, il sera systématiquement interrogé sur tous les appels d'offres concernant les familles qu'il vend.

Par nature, le client développera des relations à plus long terme avec un fournisseur « top ». Il est pertinent que les dirigeants du client et des fournisseurs « top » se connaissent et se rencontrent ponctuellement. C'est une des notions de l'entreprise étendue.

▪ Comment travailler avec les fournisseurs « locaux » ?

Pour certaines catégories de produits telles les pièces volumineuses de faible valeur difficilement transportables, ou pour certains segments comme la petite maintenance générale, il est difficile, voire impossible, de passer par un fournisseur global. Il faut alors travailler avec un fournisseur du tissu économique local.

Ces fournisseurs « locaux » devront répondre aux exigences qualité de l'entreprise et être compétitifs. Le principe sera donc d'identifier dans l'environnement du site les fournisseurs pouvant répondre aux exigences qualité minimales de l'entreprise acheteuse. Si le tissu industriel local est assez fourni, il sera alors possible d'animer une certaine concurrence. Le meilleur moyen cependant d'obtenir des prix compétitifs est de permettre une augmentation du chiffre d'affaires en contrepartie de l'optimisation souhaitée du triptyque coûts/qualité/délais, ou de faire planer la menace de la perte du marché dans le cas contraire.

▪ Comment travailler avec les fournisseurs « imposés » ?

Travailler avec un fournisseur « imposé » oblige l'acheteur à faire preuve d'innovation et de diplomatie.

Le fournisseur peut être imposé par le client final, par le marché, par le produit, par les experts techniques, voire par le management ! Dans tous les cas, le fournisseur le sait et est en position de force par rapport à l'acheteur. Il est alors difficile pour ce dernier de rétablir l'équilibre dans la relation et de garder la maîtrise de son fournisseur. Le fournisseur préférera s'adresser en priorité à celui qui l'impose pour accroître son leadership auprès de lui.

L'acheteur ne manque cependant pas de leviers :

- La plus grande partie des demandes formulées par l'acheteur doit être orientée vers la satisfaction du client qui impose. Si le fournisseur veut garder sa position préférentielle, il devra se conformer aux exigences. Charge à l'acheteur de lister avec son client final un maximum de critères contraignants.
- Pour contraindre le fournisseur imposé à jouer le jeu de la concurrence, l'acheteur devra sortir du cadre déterminé pour attirer le fournisseur sur un terrain libre : un engagement sur un autre produit, sur un autre marché, à l'international, un engagement dans le temps, etc.
- L'acheteur devra travailler à lever la contrainte : faire valider des fournisseurs ou produits alternatifs, faire émerger d'autres concurrents. Le fournisseur imposé doit sentir le risque de sortir de cette solution avantageuse.

Exemple

> Une entreprise avait une société de télécommunications comme fournisseur imposé parce que ce dernier était également client de la société alors même qu'il était plus cher à l'achat. Après investigations, l'acheteur s'est rendu compte que ce compte client était l'un des moins rémunérateurs de l'entreprise. L'acheteur a pu établir le bilan complet de la relation avec cette société et lever la contrainte, ce qui a eu pour conséquence le changement du fournisseur qui ne s'est pas aligné en termes de prix.

Cependant, il est à noter que les fournisseurs imposés peuvent être une opportunité pour l'ensemble des intervenants. En effet, si le fournisseur imposé – ou la solution imposée – est « bien vendu », il est parfois générateur de marge ou de chiffre d'affaires. Pour être clair, les fournisseurs imposés, s'ils sont gérés avec intelligence, peuvent être de vrais partenaires de business et de véritables créateurs de valeur.

■ Comment travailler avec les fournisseurs « entrants » ?

Le préalable avant même d'envisager de travailler avec un fournisseur est d'estimer les risques à travailler avec lui, selon les critères fixés par l'entreprise.

A minima, il faut évaluer la santé économique et financière du fournisseur en analysant l'évolution de son chiffre d'affaires, de sa rentabilité, de ses effectifs, etc., et la comparer avec l'évolution du secteur économique auquel il appartient.

Le degré de dépendance économique en termes de chiffre d'affaires à venir pour le fournisseur est aussi à prendre en compte pour estimer les risques à travailler avec lui. Le CA ne devra pas représenter plus de 25 % de son CA global. Cependant, le taux maximal peut être plus élevé ; tout dépend de la santé économique du fournisseur et de son évolution (croissance ou décroissance), de la taille de l'entreprise et du contexte économique.

Dépendance économique

La dépendance économique est le fait qu'un donneur d'ordre réalise à lui seul un pourcentage trop important du chiffre d'affaires d'un preneur d'ordre. Cette position dominante de l'acheteur le place en situation d'imposer ses conditions commerciales et contractuelles au fournisseur.
La dépendance économique est appréciée selon :
- la part de marché que représente le donneur d'ordre dans le chiffre d'affaires du fournisseur ;
- la position du client dans la commercialisation du produit ;
- les relations stratégiques existantes entre le client et son fournisseur ;
- le marché « client » à disposition du fournisseur.

Une fois les risques principaux écartés et après audit, analyse et négociations, la décision de travailler avec un fournisseur peut être prise ; mais encore faut-il faire entrer celui-ci dans le panel fournisseurs de l'entreprise. Une période de tests plus ou moins longue est alors nécessaire. Elle dépend, entre autres, des cycles des produits de la catégorie considérée et du temps nécessaire pour évaluer la performance du fournisseur « entrant ». Le fournisseur « entrant » doit donc avoir un statut particulier et être clairement identifié. Il doit également être évalué de façon systématique, à fréquence régulière. Seule l'atteinte de l'objectif de performance fixé permet au fournisseur de quitter le statut d'« entrant ».

L'objectif de performance doit comprendre au moins des indicateurs qui portent sur les prix/coûts, la qualité des services/produits, la fiabilité des délais, mais également sur l'appréciation de la souplesse commerciale : compréhension des besoins, réactivité et adaptabilité aux changements demandés, qualité du suivi de la relation commerciale, qualité et fréquence des reportings, honnêteté, attitude éthique avec une démarche de développement durable ambitieuse et suivie.

Comment travailler avec les fournisseurs « *on hold* » ?

Les fournisseurs du panel qui ne répondent plus aux objectifs coûts/qualité/délais de l'entreprise acheteuse n'ont de fait plus de raisons d'être dans le panel. On les appelle les fournisseurs « *on hold* ». Ce sont les fournisseurs auxquels les acheteurs ne doivent plus envoyer d'appels d'offres mais qui conservent du chiffre d'affaires, car les remplacer serait trop coûteux ou trop complexe sur les projets existants. Ainsi, on n'enlève pas de part de marché ou de CA aux fournisseurs « *on hold* » mais on ne leur en rajoute pas.

Un fournisseur « *on hold* » peut, si son évaluation selon les critères du triptyque coûts/qualité/délais revient au bon niveau, repasser dans la catégorie des fournisseurs panel.

Comment travailler avec les fournisseurs « sortants » ?

Éliminer définitivement un fournisseur n'est pas toujours chose aisée, et ce pour plusieurs raisons.

La rupture de relation commerciale entre deux partenaires est encadrée par la loi. Ainsi, l'article L. 442-6-1.5° du Code de commerce stipule : « Engage la responsabilité de son auteur et l'oblige à réparer le préjudice causé le fait pour tout producteur, commerçant, industriel ou artisan de rompre brutalement, même partiellement, une relation commerciale établie, sans préavis écrit tenant compte de la durée de la relation commerciale et respectant la durée minimale de préavis déterminée, en référence aux usages du commerce, par les accords interprofessionnels. »

Le point clé est donc l'existence d'un préavis. La jurisprudence ne fixe pas de délai de préavis mais étudie la question au cas par cas. Ce délai dépend d'une part de la durée de la relation contractuelle, des usages et accords interprofessionnels qui peuvent exister, et d'autre part des caractéristiques produits ou services en question ; les éléments pris en compte ici seront la technicité, la saisonnalité, la périodicité des cycles de production. Il sera également important de considérer la part des investissements consacrés par le fournisseur à la production dédiée au client qui se désengage ; par exemple, les investissements d'un fournisseur dans des logiciels ou matériels spécifiques pour traiter la demande d'un client. Enfin, le délai sera également apprécié selon le taux de dépendance économique du fournisseur (voir ci-avant).

Quoi qu'il en soit, prévenir le fournisseur par écrit et lui laisser un délai suffisant est imposé. Ce laps de temps permettra au fournisseur « *on hold* » de réorganiser son activité ou de rechercher de nouveaux débouchés. Pendant cette période de préavis, les volumes contractuels seront garantis. La notification doit être expresse et non équivoque. Il est à noter que ces principes s'exercent en cas de rupture totale et partielle.

L'acheteur garant du panel fournisseurs est le principal responsable de la communication « en interne » autour de son panel. Par « en interne », on entend les clients internes et prescripteurs tels que les bureaux d'études, les départements de recherche et développement, mais également l'ensemble des acheteurs du groupe : acheteurs projets/usines/locaux, acheteurs des autres familles mais qui peuvent interagir, etc. C'est donc à l'acheteur de la famille qui gère son panel d'évaluer, de façon systématique, les fournisseurs de son panel selon les critères définis et d'animer les autres acteurs du processus Achats.

■ Quelques écueils à éviter

Différencier panel et méthode ABC

On classe souvent ses fournisseurs selon la méthode ABC, prolongement logique de la règle de Pareto. Elle permet de hiérarchiser en trois catégories A, B ou C ses achats :
- la classe A représente les 80 % du chiffre d'affaires Achats réalisés avec 20 % des fournisseurs ;

- la classe B représente les 15 % du chiffre d'affaires Achats réalisés avec 30 % des fournisseurs ;
- la classe C représente les 5 % du chiffre d'affaires Achats réalisés avec 50 % des fournisseurs.

Identifier ses fournisseurs importants ou stratégiques, même si l'acheteur le fait en segmentant par familles Achats, ne signifie pas pour autant constituer ou gérer un panel ; ce n'est que le début de connaissance des fournisseurs actifs.

> Le management du panel est bien plus qu'une segmentation passive et un classement de ses fournisseurs, c'est un rouage central de la stratégie Achats.

Le classement est une méthode mais « il constate et ne décide pas », alors que la gestion du panel fournisseurs est une méthode volontariste qui « décide et agit ».

Différencier panel et référencement

Le référencement fournisseur consiste à présélectionner sur des critères précis – technologiques ou financiers par exemple –, des fournisseurs capables de satisfaire un ou plusieurs besoins de l'entreprise.

La liste des fournisseurs actifs qui ont été utilisés sur une période récente suite à une démarche Achats ou qui ont été sélectionnés à l'issue d'une étude Achats, d'un appel d'offres, dans une catégorie Achats, ne représente en aucun cas le panel des fournisseurs.

L'animation d'un panel fournisseurs comporte des principes et des objectifs plus complets. La gestion du panel fournisseurs implique la mise en œuvre d'une compétition optimale entre fournisseurs sur un segment du marché. Si les aspects coûts/qualité/délais classiques sont toujours présents, d'autres critères viennent enrichir la démarche : la position sur le marché des fournisseurs par exemple, mais aussi leurs capacités industrielles ou leur volonté d'accompagnement du client. Une politique Achats fondée sur les panels fournisseurs induira donc une recherche poussée de fournisseurs et un pilotage serré desdits fournisseurs.

Ne pas confondre panel et contrat cadre

Les contrats cadres permettent, lors d'une consultation, de s'assurer d'une cohérence dans les offres proposées par les soumissionnaires. Ainsi, certaines entreprises se leurrent en pensant avoir une stratégie fournisseurs et un panel fournisseurs parce que des contrats cadres régissent leurs relations ; alors que le contrat cadre n'est que le reflet d'un choix de fournisseur sur un besoin ou une catégorie de besoins. Par exemple, sur une catégorie telle que le nettoyage des locaux, plusieurs contrats cadres peuvent coexister mais sans aucune logique de stratégie fournisseurs et de réflexion sur un panel catégorie.

Les stratégies de « panellisation » n'excluent donc pas d'avoir des contrats cadres avec ses fournisseurs, mais le simple fait d'avoir des contrats cadres ne constitue pas pour autant une politique de panel.

▪ Segmenter le panel par expertise

Parmi les livrables de la stratégie Achats, il y a la définition du type de fournisseur dont la société a besoin. En fonction du niveau d'expertise (actuel ou futur) de la société, la stratégie décidera de l'expertise recherchée chez les sous-traitants.

Nous avons identifié quatre types d'expertise dans la chaîne de conception produit au niveau de la définition et de la responsabilité de chacun des acteurs.

Sous-traitant
- Est responsable de la production pour le compte de la société acheteuse.
- La société acheteuse a l'entière responsabilité des spécifications produit détaillées et des procédés de fabrication.
- En général, le sous-traitant n'est pas propriétaire de la matière première, et le contrôle qualité est fait chez la société acheteuse.

Fabricant
- Est responsable de la production et des procédés de production, jusqu'au contrôle.
- La société acheteuse a l'entière responsabilité des spécifications produit détaillées et de la définition des moyens de contrôle.

Ingénierie
- Travaille en collaboration avec la société acheteuse pour définir l'ensemble des spécifications fonctionnelles.
- Est responsable des spécifications techniques détaillées et des plans de détails du produit.
- En général, fournit les plans et définit les procédés de contrôle qualité.
- La société acheteuse fournit les spécifications fonctionnelles.
- La fabrication est traitée par une autre société.

Expert
- Regroupe l'ingénierie et le fabricant.
- Travaille depuis les spécifications fonctionnelles jusqu'au contrôle fonctionnel des produits.

Tableau 2 – Les 4 niveaux d'expertise dans la chaîne de conception produit

	Spécifications fonctionnelles	Spécifications techniques détaillées	Industrialisation	Fabrication	Contrôle qualité
Sous-traitant			●————●		
Fabricant		●————————————————●			
Ingénierie	●————●				
Expert	●————————————————————————●				

Cette vision est dynamique parce que, comme évoqué en début d'ouvrage, une société qui se recentre sur son cœur de métier *(core business)* et externalise le reste va faire évoluer son panel pour passer de simple « fabricant sur plan » à fournisseur « expert ».

■ Comment animer son panel ?

Une stratégie de panel est forcément orientée sur le long terme en se focalisant sur la répartition des parts de marché. L'acheteur famille *(category manager)* n'aura de cesse de maintenir une concurrence forte entre les fournisseurs, quitte à attribuer de temps à autre un marché à un fournisseur n'étant pas le plus compétitif, et ce pour répartir adroitement les parts de marché entre les compétiteurs.

Pour rester dans un mode dynamique, les appels d'offres peuvent être décomposés en lots afin de réduire l'hégémonie de fournisseurs importants et de permettre l'émergence de nouveaux fournisseurs. Les acheteurs auront comme argument de négociation la possibilité de faire sortir les fournisseurs du panel. Cet argument – à utiliser avec la plus grande prudence – aura un formidable écho au plus haut niveau hiérarchique chez les fournisseurs. En contrepartie, le fait de rentrer dans un panel constitue un avantage concurrentiel important pour le fournisseur, qui sera alors consulté régulièrement. Il sera motivé pour consentir des conditions commerciales et de collaboration étendue très favorables.

Le fait de communiquer aux fournisseurs leur statut par rapport aux panels existants doit inciter ceux qui sont « *on hold* » à se ressaisir, et ceux qui sont « entrants » à garder ou à améliorer leurs performances.

▪ Rationaliser le panel fournisseurs

Un panel comporte toujours un nombre de fournisseurs restreint mais suffisant. Rationaliser son panel fournisseurs c'est décider qui sont les meilleurs fournisseurs sur chacun des segments d'achat. Au-delà du coût, les fournisseurs doivent être évalués sur la qualité de leurs produits et services, la ponctualité, l'innovation, la flexibilité et leur implication dans le développement durable. La mise en place d'une telle évaluation complète et suivie au travers d'indicateurs et de ratios dans un tableau de bord, constituera un maillon fort de l'alignement stratégique du panel fournisseurs.

Avoir des objectifs communs et des mesures régulières et suivies est le moyen pour les parties prenantes d'être en phase sur les attentes, et de partager sur les résultats afin de mettre en place en cas de besoin des actions correctives ; c'est ce qui permet à la société de prendre des décisions vis-à-vis des fournisseurs du panel mais également aux fournisseurs de s'améliorer, et de se mettre en adéquation avec les attentes et les besoins de leur client (cf. Figure 3 « Maîtriser ses fournisseurs : stratégie de panel », page 11)

Avec le temps et la pratique, le statut des fournisseurs du panel évolue.

Certains fournisseurs peuvent passer d'un statut de « bon fournisseur » à un statut de « fournisseurs à risque » ; un fournisseur dit « bon » qui ne livre plus à l'heure ou chez qui le montant des achats représente une part très importante de son chiffre d'affaires peut ainsi voir son statut se transformer en « fournisseur à risque », le risque pouvant être situé à différents niveaux tels que la qualité, l'image, la stabilité économique, la dépendance achat, etc. Paradoxalement, un fournisseur classé comme « à risque » parce que les produits livrés n'étaient plus conformes à la qualité requise mais qui a démontré sa capacité à s'améliorer peut faire évoluer son statut dans le panel.

Dès lors, un fournisseur « top » peut se retrouver « *on hold* » ou « sortant », ou inversement, un fournisseur « *on hold* » ou « sortant » peut redevenir « top ».

L'acheteur doit veiller à remettre en cause très régulièrement les classements des fournisseurs de son panel ; cela fait partie de la bonne gestion d'un panel et constitue une façon de le rationaliser. Trop de fournisseurs « sortants » peut vouloir dire qu'il n'y a plus assez de fournisseurs « top » par exemple, et qu'il faut alors augmenter en nombre ces derniers au profit des premiers. Un fournisseur « local » peut devenir, grâce à des développements, une diversification ou de la croissance externe, un fournisseur potentiellement « top ». Et lorsque trop peu de fournisseurs du panel peuvent répondre aux besoins, la direction Achats doit mettre en place un plan d'action de recherche de fournisseurs (sourcing).

La règle générale veut que les fournisseurs du panel doivent aider à créer de l'innovation, et par conséquent à donner des avantages concurrentiels à l'entreprise et générer de la croissance. C'est en ce sens que le panel fournisseurs est à considérer comme un véritable patrimoine immatériel de l'entreprise et de ses actionnaires.

▪ Autres avantages des panels fournisseurs

Nous l'avons dit, une stratégie de panel induit mécaniquement un nombre de fournisseurs restreint, mais suffisant : ni trop important ni trop limité. Outre l'amélioration de la performance, l'entreprise en tirera des avantages en matière de gestion et d'allégement de la charge administrative : il y aura moins de comptes fournisseurs à créer et à entretenir, moins de commandes à envoyer et à gérer, moins d'audits fournisseurs, moins de factures mais également moins de réunions de pilotage, de revues de comptes ou de négociations.

En travaillant ainsi de manière durable avec un nombre restreint de fournisseurs, les entreprises limitent les *switching costs*[1], les « coûts de mobilité[2] » et les « coûts de transaction[3] ».

Limiter les switching costs

La matrice de Porter, professeur à Harvard, élaborée en 1979, donne une méthode pour étudier l'environnement concurrentiel de l'entreprise au travers des différentes pressions qui s'exercent sur cette dernière, et auxquelles elle doit résister pour réussir sur son secteur économique et dans son domaine d'activité. Porter a défini cinq forces différentes qui s'exercent sur l'entreprise et influencent sa stratégie. À travers leur analyse régulière qui aboutit à une veille concurrentielle permanente, l'entreprise identifie ses facteurs clés de succès et peut sans cesse s'adapter pour conserver ou renforcer son avantage concurrentiel.

Les cinq forces définies sont :
- la pression concurrentielle au sein d'un secteur ;
- le pouvoir de négociation des clients ;
- le pouvoir de négociation des fournisseurs ;
- la menace des nouveaux entrants ;
- la menace des produits de substitution.

Une sixième force, celle des contraintes légales et réglementaires imposées par l'État, a été identifiée depuis comme importante pour l'adaptation des entreprises.

---

1. Michael Porter, *L'avantage concurrentiel*, InterÉdition, 1986 et *Choix stratégiques et concurrence : Techniques d'analyse des secteurs et de la concurrence dans l'industrie*, Économica, 1982.
2. Olivier Lavastre, « Les effets des modifications dans une relation d'échange industriel : les coûts de mobilité », IX⁵ Conférence internationale de management stratégique, 24-25 et 26 mai 2000, AIMS, Montpellier, 22 pages.
3. Olivier Lavastre, « Les coûts de transaction » et Olivier E. Williamson : « Retour sur les fondements », X⁵ Conférence internationale de management stratégique, 13-14 et 15 juin 2001, AIMS, FSA, université de Laval, Québec (Canada), 25 pages.

Dans son célèbre modèle des cinq forces, Porter définit les coûts de changement ou *switching costs* comme une barrière à l'entrée impliquant un coût fixe et important, mais non récurrent, pour l'acheteur qui souhaite changer de produit, de service ou de fournisseur. Il s'agit de frais de stock de sécurité, d'étude, d'outillage, de validation du nouveau fournisseur et du produit dans le cas d'achats de production. Mais ce sont aussi les frais de formation du personnel ou les frais liés à la gestion de la maintenance d'un parc hétérogène lors du changement de marque de logiciels ou de machines par exemple.

Quelques facteurs augmentent les coûts de changement des fournisseurs : un marché fournisseurs concentré avec peu de fournisseurs aptes à répondre, des marques fortes, des produits très différenciés…

> Le changement de fournisseur n'est justifié que par une amélioration significative du prix, de la qualité de service, ou la diminution drastique d'un risque.

Réduire les « coûts de mobilité »

Le docteur en sciences de gestion français, Olivier Lavastre, définit les « coûts de mobilité » à travers les huit coûts à prendre en compte dans le cadre d'une relation client-fournisseur. De potentiels durant la relation, les coûts deviennent réels lors d'un changement de fournisseur et/ou d'*input*, du fait du changement de la nature des dépenses : les investissements nécessaires à la relation passent alors en perte, puisque de nouvelles relations et investissements sont à prendre en compte, et se rajoutent aux premiers.

Alors que les *switching costs* ne s'intéressent qu'aux coûts du changement, la vision de Lavastre est dynamique car elle prend en compte l'intégralité des coûts tout au long d'une relation client-fournisseur :

- les coûts ayant été supportés par l'entreprise pour établir la relation avec le fournisseur présent ;
- les coûts supportés pour nourrir la relation présente (coût de gestion de la relation fournisseur et de l'*input*) ;
- les coûts qui devront être supportés par l'entreprise si elle doit ou souhaite changer l'*input* et/ou le fournisseur.

Les huit coûts pris en compte par Lavastre sont les suivants :
- Les coûts de recherche d'information.
- Les coûts du contrat : de la négociation à la rédaction en passant par la garantie.
- Les coûts strictement liés à l'échange de l'*input* : coûts de livraison, de l'installation de l'*input*, frais financiers et changement de prix...
- Les coûts de reconception du processus dans lequel intervient l'*input* : coûts de reconception d'un nouveau produit, coûts de possession, coûts de mise en place d'une nouvelle logistique...
- Les coûts d'expérience et d'apprentissage : formation à la nouvelle solution...
- Les coûts de contrôle ex-post.
- Les coûts liés aux investissements spécifiques : pertes d'actifs spécifiques et investissements nécessaires à la mise en place de la nouvelle solution, à l'exploitation, à la production, utilisant le nouveau produit (ex. : outillages spécifiques, accessoires, etc.)...
- Les coûts d'opportunité : coûts cachés de sortie, coûts de retrait prématuré en cas d'échec de la nouvelle solution...

Ces coûts ne sont pas tous faciles à calculer et il n'est pas toujours possible d'avoir un coût comptable que l'on va retrouver exactement dans les comptes de l'entreprise. Néanmoins, ces coûts peuvent être approchés ou estimés au travers d'indicateurs.

Ces coûts représentent ce que Lavastre appelle les « conséquences négatives » liées au changement de fournisseur et qui doivent être mises en perspective avec ses « conséquences positives » telles que l'amélioration de la qualité, du niveau technologique, la réduction des coûts d'exploitation, de production ou de gestion.

Diminuer les « coûts de transaction »

Les « coûts de transaction », définis par Williamson sont les charges financières, directes ou indirectes, représentées par une opération économique. C'est l'ensemble des coûts, cachés ou non, ignorés par la théorie de

« la main invisible » ou de la « concurrence pure et parfaite[1] » d'Adam Smith. Une transaction ou un échange met en jeu deux parties, deux entreprises (acheteur et fournisseur), ou deux unités opérationnelles d'une même entreprise telles que le bureau d'études et la direction de fabrication.

Williamson donne trois attributs aux transactions. L'intensité de chaque attribut va influencer les coûts des transactions ; en réalité, cette intensité est mesurée en coûts de transaction qui varient selon le mode de gouvernance choisi et donc participent au choix du mode de gouvernance de l'entreprise.

Ces trois attributs sont :

- La spécificité des actifs : un actif mis en œuvre pour une transaction est dit « spécifique » lorsqu'il n'est pas duplicable sans modifications majeures, et par conséquent sans coûts importants pour pouvoir être mis en œuvre dans une autre transaction malgré des investissements volontaires pour le mettre en place initialement. Il va s'agir par exemple des solutions spécifiques et sur mesure adaptées au cahier des charges précis d'un acheteur telles qu'un réseau de télécommunications ou d'un bâtiment à construire pour un usage bien particulier. Par opposition, la vente d'un produit sur catalogue ne sera en rien une transaction spécifique.

Selon Williamson, la spécificité est l'attribut qui influe le plus sur le coût d'une transaction.

- L'incertitude : interne (gouvernance et dirigeants…) et externe (concurrents, règlements et lois, fiscalité…).
- La fréquence des transactions.

L'objectif est de diminuer les « coûts des transactions » en choisissant le bon mode de gouvernance parmi les trois identifiés :

- Le marché au sens néoclassique, c'est-à-dire un système de prix. Le marché gouverne les transactions d'actifs peu spécifiques ; des contrats explicites sont mis en place pour rassurer les parties et éviter les comportements opportunistes individuels de l'une d'entre elles.
- La forme hybride : les alliances, les contrats… Elle est à ce jour souvent la plus utilisée.

---

1. Adam Smith, *Recherche sur la nature et les causes de la richesse des nations*, 1776.

- La « firme » ou bien l'entreprise, ou encore la hiérarchie.

Les travaux de Williamson sont devenus des classiques du management, du droit et de l'économie, un peu complexes mais surtout longs à développer dans le détail dans cet ouvrage[1] ; ils sont néanmoins passionnants et ont joué un rôle important dans l'évolution de la jurisprudence liée aux fusions et acquisitions, ou encore dans le développement rapide des franchises de certains domaines.

Quelques classiques de la stratégie Achats

La stratégie Technique et Achats

Comme nous le démontrons dans ce livre, une stratégie Achats n'est rien si elle n'est pas alignée avec la stratégie du donneur d'ordre. Chaque organisation devra ainsi définir l'agenda type de sa stratégie Technique et Achats en fonction de ses besoins, de sa maturité et de son environnement. Pour autant, voici ci-après une proposition d'agenda d'une stratégie Technique et Achats. Cette stratégie se définit pour une commodité donnée.

Exemple d'agenda d'une stratégie Technique et Achats

Le besoin :
- besoin fonctionnel et technique ;
- spécifications principales et standardisation ;
- innovation et concurrence ;
- analyse des coûts de la fonction et besoins futurs.

Le marché :
- localisation ;
- facteurs de coûts ;
- analyse de Porter ;
- définition du fournisseur idéal.

---

[1]. Notre volonté est d'inciter le lecteur à creuser le sujet car il donne des outils et clés de compréhension complémentaires sur l'économie des coûts de transaction.

Le panel actuel :
- situation dans l'analyse Kraljic ;
- classification ABC ;
- répartition du portefeuille actuel ;
- présentation des fournisseurs ;
- technologie et certification ;
- revue de performance ;
- analyse financière et situation contractuelle.

La stratégie :
- SWOT ;
- statut fournisseurs ;
- revue des développements en cours et futures affectations ;
- revues des actions précédentes ;
- définitions de nouvelles actions.

Nota : SWOT, analyse Kraljic, etc., sont des méthodes développées dans la suite de l'ouvrage, pages 29 à 33.

Il y a quatre finalités principales dans une stratégie Technique et Achats :
- définir (c'est ce qui correspond au « besoin ») le besoin court et moyen terme de l'entreprise ;
- définir (c'est ce qui correspond au « marché ») le statut des fournisseurs du panel ;
- faire un point (c'est ce qui correspond au « panel actuel ») sur l'avancement des actions en cours ;
- et définir (c'est ce qui correspond à la « stratégie ») les nouvelles actions.

Une stratégie Technique et Achats doit être revue complètement une fois par an et faire l'objet d'un suivi des actions au trimestre ou au semestre.

La matrice SWOT

La matrice SWOT est le résultat d'une étude mené par Albert S Humphrey en 1960. Il s'agit d'une méthode d'analyse incontournable car très efficace, mais c'est surtout un outil d'aide à la décision universel qui permet d'exposer en un schéma les forces (**S**trengths), les faiblesses (**W**eaknesses), les opportunités (**O**pportunities) et les menaces (**T**hreats).

On distingue ce qui est du fait du contexte interne – les forces (aspects positifs) et les faiblesses (aspects négatifs) – et de l'environnement externe – les opportunités (aspects environnementaux positifs) et les menaces (aspects environnementaux négatifs) –, concernant l'étude d'un projet, d'un marché ou de tout objet/sujet analysé.

La forme attendue de la matrice est une synthèse de l'analyse et se présente de la façon suivante :

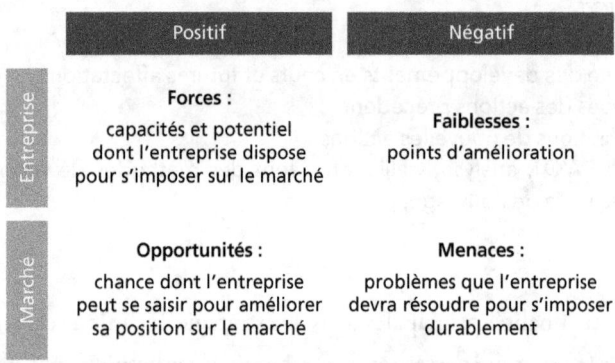

Figure 5 – Matrice SWOT

Par souci de synthèse et afin d'aller à l'essentiel, chaque case de la matrice ne doit contenir que les éléments les plus importants, classés par ordre : du plus intense au moins intense, ou du plus important au moins important. Les éléments descriptifs doivent être limités en nombre : environ cinq.

L'objectif est d'aller à l'essentiel, et à partir de l'analyse SWOT, de définir un plan d'action permettant d'atteindre les objectifs fixés.

Le plan d'action découle des options stratégiques qui seront prises. Quatre possibilités existent par combinaison ou croisement dynamique des quatre critères d'analyse : forces/faiblesses/opportunités/menaces.

- **Stratégie offensive** issue du croisement des forces et des opportunités : comment utiliser les forces identifiées pour tirer avantage des opportunités qui se présentent.

- **Stratégie défensive d'expansion** issue du croisement des faiblesses et des opportunités : comment réduire et améliorer les points de faiblesse pour réussir à exploiter les opportunités de l'environnement.

- **Stratégie défensive** issue du croisement des forces et des menaces : comment exploiter ses forces pour se protéger des menaces externes.

- **Stratégie de diversification ou de repositionnement** issue du croisement des faiblesses et des menaces : comment minimiser les faiblesses pour se rendre moins vulnérable aux menaces extérieures.

La matrice de Kraljic

Principe

Théorisée pour la première fois par Peter Kraljic[1] en 1983 dans un article de la Harvard Business Review, la matrice de Krajlic est une représentation du portefeuille Achats de l'entreprise. Elle a pour vocation de hiérarchiser les familles d'achats de l'entreprise, afin d'adopter la stratégie adéquate en fonction de l'importance de la famille d'achats en termes de valeur et de complexité.

Les axes de la matrice

La matrice de Kraljic s'articule autour de deux axes :

- Axe de la valeur d'achat : cet axe représente la valeur des achats de ce que l'on souhaite acquérir ou négocier. Plus son poids est important dans le budget, plus l'achat sera positionné haut sur l'axe. La valeur de l'achat doit être considérée au regard des différents achats de l'entreprise.

- Axe de la complexité : cet axe évalue la complexité de l'achat et illustre les complexités qui peuvent être rencontrées : marché monopolistique, difficultés à réapprovisionner, à négocier...

---

[1]. « Purchasing Must Become Supply Management », Peter Kraljic, *Harvard Business Review*, September-October 1983.

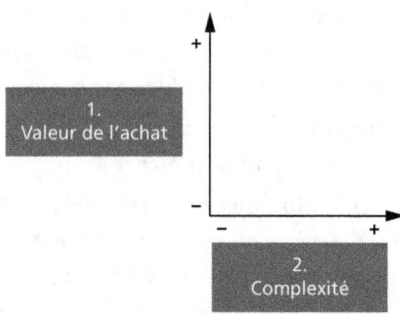

Figure 6 – Les axes de la matrice

Les quatre types d'achats et de stratégies

- Achats non critiques : ce sont des achats à faible impact financier et faciles à effectuer. Dans ce cas, la mise en concurrence est facilitée car il existe une panoplie de fournisseurs capables de répondre au besoin, et la qualité des produits est souvent standardisée.
  – L'objectif de l'acheteur : simplifier le processus Achats sur les familles concernées pour que les tâches non critiques ne deviennent pas chronophages.
- Achats levier : on est ici dans des familles d'achats qui représentent un fort impact financier sur le budget Achats. Il existe plusieurs fournisseurs qui peuvent répondre au besoin Achats, et il est facile de les mettre en concurrence et de les interchanger.
  – L'objectif de l'acheteur : réaliser le maximum de gains Achats dans les familles dans cette situation en actionnant les leviers à sa disposition.
- Achats stratégiques : cette catégorie concerne les achats qui sont cruciaux dans la stratégie de l'entreprise. Ils sont souvent très lourds en termes de budget et se caractérisent par une très forte complexité (situation de pénurie, difficulté d'approvisionnement...).
  – L'objectif de l'acheteur : développer une approche partenariale avec le/les fournisseurs.
- Achats critiques : ils s'inscrivent souvent dans des marchés caractérisés par une situation de monopole du fournisseur mais représentant une faible valeur du budget Achats.

– L'objectif de l'acheteur : la sécurisation et la maîtrise de ses approvisionnements.

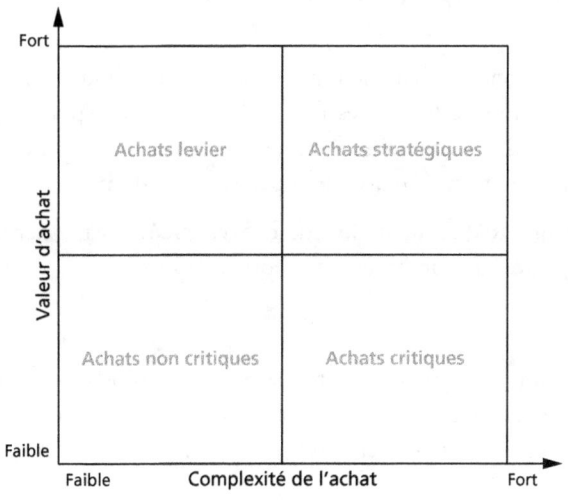

Figure 7 – La matrice de Kraljic

Les prérequis de l'analyse

- Recueillir les dépenses Achats (depuis l'Enterprise Resource Planning – ERP de l'entreprise) des familles à analyser afin de pouvoir les positionner sur l'axe de la « valeur d'achat ».

- Afin d'être le plus précis possible dans le positionnement sur la matrice, il est important dans un premier temps de veiller au niveau d'analyse de la famille d'achat (ex. : un produit ou service spécifique, ou un groupe de produits et services), puis dans un second temps, de bien définir le périmètre d'analyse (au niveau d'un site, d'une filiale, de la totalité de l'entreprise).

- Évaluer le niveau de risque de chaque famille afin de la positionner sur la matrice.

- Compléter et placer les familles sur la matrice, et en tirer les conséquences sur la stratégie à adopter.

La matrice de Wajnsztok

Au-delà de la nature des achats (stratégiques, critiques, etc.) se pose la question du rapport des forces en présence. Ne pas évoquer ce point serait poser un voile pudique sur une réalité opérationnelle.

Les acheteurs ont naturellement une attitude qui les pousse à penser qu'ils sont en position de force. Les fournisseurs font tout pour le leur faire croire. Hormis les situations évidentes de monopole, la prise en compte d'une situation nuancée dans le rapport de force est rare.

Olivier Wajnsztok, coauteur de cet ouvrage, a créé cette matrice en 2006 et l'a partagée avec de nombreuses entreprises depuis.

Principe

Une question simple se pose : sommes-nous en position de force ? L'intérêt de cette matrice est notamment d'avoir un langage commun sur la réponse que l'on peut donner à cette question.

Les axes de la matrice

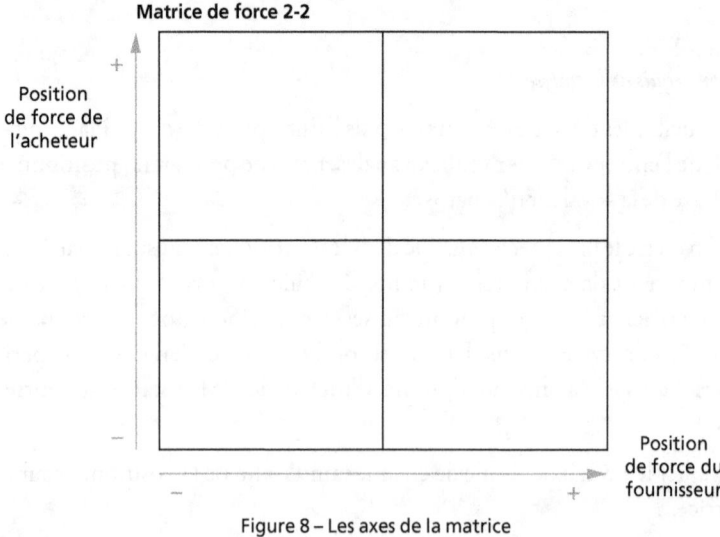

Figure 8 – Les axes de la matrice

Source : Olivier Wajnsztok

L'axe des abscisses mesure la position de force d'un fournisseur, celui des ordonnées celle de l'acheteur. Plus une position est sur la droite plus le fournisseur est en position de force ; plus elle est haute plus l'acheteur est en position de force.

La matrice

La matrice de Wajnsztok est répartie en quatre cases :

- *Beat Me*, traduction de « frappe-moi » pour désigner les cas où les fournisseurs sont en situation de faiblesse par rapport à leurs clients.
- *Kiss Me*, traduction de « embrasse-moi » pour décrire une situation d'un fournisseur tout-puissant qui fait la loi sur son marché.
- *Partner Me*, traduction de « devenons partenaires » est une situation équilibrée où les deux parties sont fortes, et où une approche intelligente de coopération est indispensable pour un bénéfice mutuel.
- *Supply Me*, traduction de « approvisionne-moi », est une situation où il y a peu d'enjeux et/ou peu de pression sur cet achat. C'est une situation d'un approvisionnement proche d'une démarche administrative.

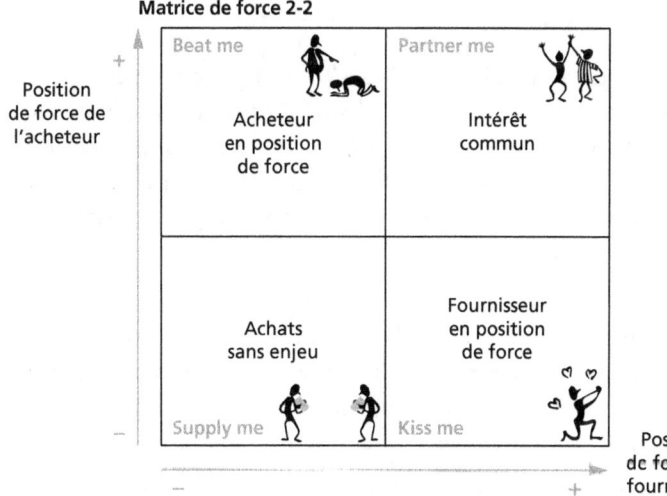

Figure 9 – La matrice de Wajnsztok

Source : Olivier Wajnsztok

- *Beat Me* : cette situation est celle d'un marché très concurrentiel où les produits sont souvent standards avec un faible besoin de validation technique. C'est aussi le cas d'achats où le temps de changement d'un fournisseur est court et facile : facile d'arrêter de travailler avec un fournisseur, facile de commencer à travailler avec un nouveau fournisseur. Les fournisseurs se différencient peu sur leurs offres.

C'est le stéréotype de l'acheteur « batte de base-ball », comme on en trouve dans la grande distribution. C'est la situation dans laquelle ont pu se produire des abus.

C'est aussi dans cette typologie d'achat que se sont faites les premières enchères inversées ; les produits étant comparables, la « bataille » pouvait se focaliser sur le prix.

Les acheteurs pensent très/trop souvent être dans cette situation. À tort ou à raison.

- *Kiss Me* : le fournisseur est en position de force. Cette situation peut provenir d'un monopole technique, technologique ou commercial. Si vous achetez des matières premières et que le temps d'homologation pour un changement d'une matière première est de quatre ans, votre fournisseur est en situation de « *Kiss Me* ».

Les fournisseurs en situation de « *Kiss Me* » peuvent pratiquer des évolutions de prix anormales ou soumettre leurs clients à quota en imposant le même prix pour tous. Le risque de rupture de stock est omniprésent. Par exemple, si demain vous souhaitez acheter de très grands crus de Bordeaux, votre fournisseur vous indiquera le prix et la quantité qu'il accepte de vous vendre… s'il accepte de vous en vendre.

Ce sont les acheteurs les plus expérimentés qui sont capables de traiter avec ce type de fournisseur. L'idée est de vendre ses besoins à son fournisseur. Les rôles sont inversés. Gérer cette relation est évidemment délicat. Imaginez que l'arrêt de livraison de ce fournisseur stoppe la production de votre usine. La capacité de travail avec ce fournisseur est vitale.

La notion de « client préféré » est souvent développée à ce propos. Que faire pour que votre fournisseur fasse de vous un « client préféré » ? Qu'il vous propose ses innovations en premier ? Qu'il ne vous mette pas en rupture de stock ? Etc.

Il est entendu que les clients doivent s'organiser pour mettre fin à ce type de situation, et essayer de passer les fournisseurs dans les cases plus hautes de la matrice.

- *Partner Me* : le mot « partenariat » a pu être utilisé à tort et à travers. Cette situation est celle où les deux parties ont un intérêt commun et jouent la carte du partenariat. Les acheteurs qui travaillent sur ce type de relation doivent être fortement orientés *business* en anticipant et en intégrant toute la problématique de leur entreprise. Le *top management* est souvent impliqué dans ces relations. Par exemple, un équipementier automobile développe un équipement innovant et de rupture. Le constructeur automobile a besoin d'innovation sur ses véhicules pour mieux les vendre. Le succès de l'un est lié au succès de l'autre. Et inversement.

On pourrait aussi appeler cette situation : « Je te tiens, tu me tiens par la barbichette. »

- *Supply Me* : vous n'avez aucune forme de pression sur le fournisseur et l'inverse est vrai aussi. Ces achats doivent être optimisés administrativement. Ils représentent souvent 5 % du montant d'achat global, mais 80 % des commandes.

La personne en charge de ces achats a plutôt un profil administratif.

Chapitre 2
Augmenter la marge

S'il y a bien un domaine de prédilection sur lequel un vrai impact des acheteurs est attendu, c'est incontestablement la marge. D'ailleurs, dans nombre d'entreprises le rôle de l'acheteur est limité à l'amélioration de la marge. C'est pourquoi le ratio « dépense achats/chiffre d'affaires » grossit dans les entreprises de tous les secteurs.

Une étude publiée en 2011 par AgileBuyer (cabinet de conseil en Achat) et la Compagnie des dirigeants et acheteurs de France (CDAF), intitulée « Représentation des Achats dans les rapports annuels 2010 des sociétés du CAC 40 – Indice de reconnaissance interne achats (IRIA) 2010 », démontre que la majorité des entreprises du CAC 40 ont un montant d'achats qui oscille entre 45 % et 70 % du chiffre d'affaires de l'entreprise.

Voici quelques exemples d'entreprises et de ratios issus de l'étude Agile-Buyer-CDAF :

Tableau 3 – Montant des achats/CA global de l'entreprise

Axa (hors achats assurantiels)	12 %
Cap Gemini	24 %
Suez Environnement	26 %
Air Liquide	39 %
France Telecom	43 %
Bouygues	44 %
Essilor	45 %
Schneider Electric	50 %
GDF Suez	53 %
Total	58 %
Vinci	58 %
Alstom	60 %
Michelin	60 %
EADS	70 %

La tendance des entreprises est à se recentrer sur leur cœur de métier, et à acheter le reste. Le « levier » des achats et son impact sur la marge sont donc de plus en plus importants.

> Si les achats représentent 60 % de votre chiffre d'affaires, gagner 5 % sur la part achats peut souvent, tout simplement, doubler le résultat net de votre entreprise !

A contrario, comme nous le verrons plus loin dans le management des risques et pour reprendre des faits récents, de mauvaises décisions d'achat sur la couverture matières premières ou devises, peuvent causer des pertes.

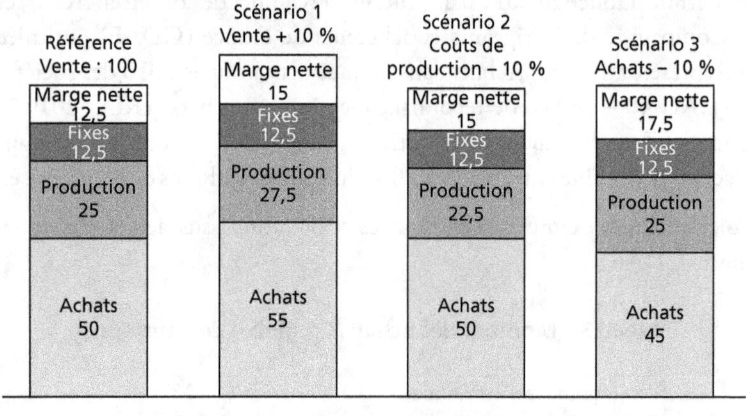

Référence Vente : 100	Scénario 1 Vente + 10 %	Scénario 2 Coûts de production – 10 %	Scénario 3 Achats – 10 %
Marge nette 12,5	Marge nette 15	Marge nette 15	Marge nette 17,5
Fixes 12,5	Fixes 12,5	Fixes 12,5	Fixes 12,5
Production 25	Production 27,5	Production 22,5	Production 25
Achats 50	Achats 55	Achats 50	Achats 45

Figure 10 – Le levier des Achats sur la marge

Depuis vingt ans, le métier Achat évolue et se professionnalise dans l'ensemble des industries et services. Les acheteurs travaillent à baisser les coûts. C'est le basique de la fonction qui représente un effet de levier important. Cependant, regarder uniquement le prix d'acquisition dans le compte de résultat donne une idée fausse de la performance des Achats.

La démarche coût complet (Total Cost of Ownership – TCO) permet d'évaluer le coût d'une solution pour l'entreprise, en intégrant l'ensemble des composantes coûts et plus seulement le prix : coûts d'acquisition auxquels sont ajoutés les coûts de conception, de mise en œuvre mais aussi de réversibilité, de désengagement ou de destruction ainsi qu'une évaluation des services associés. Bien souvent, la démarche coût complet permet de comparer une solution à une autre.

Qu'en est-il de ces démarches de coûts complets aujourd'hui ? Quels sont les points clés à ne pas oublier ? Quelle prise en compte des aspects de développement durable et de responsabilité sociétale de l'entreprise (RSE) ? La mise en place d'une démarche coûteuse de sourcing et d'approvisionnement dans les pays émergents sera-t-elle réellement et durablement profitable ?

Ainsi, nous l'avons déjà évoqué, il faut repenser son modèle Achat dans la perspective de la stratégie de l'entreprise. La notion d'achat pour revente, « j'achète pour vendre et créer de la marge », par opposition à « j'achète pour produire », est maintenant bien comprise des managers. Pour autant, les démarches d'analyse *make or buy*, d'analyse de la valeur, de *design to cost* ne sont pas aussi répandues que ce qu'on aimerait le penser. Et si ces démarches s'appliquent couramment aux achats de production, quel fonctionnement structurant pouvons-nous mettre en œuvre pour nos achats hors production ? Si le levier de la performance Achats est si important pour la marge, allons-nous laisser à quelques acheteurs cette mission importante pour notre société ? Quel est le rôle des acheteurs et celui des autres parties prenantes ?

Pour tenter de répondre à ces questions, nous avons analysé trois aspects importants :
- augmenter la marge par un effet sur le prix ;
- augmenter la marge par une démarche coût complet ;
- augmenter la marge par une approche stratégique et managériale du rôle des achats pour l'entreprise.

Augmenter la marge par effet prix

▓ La négociation : pour en finir avec un mythe !

La plus célèbre des fables de La Fontaine, *le Corbeau et le Renard*, illustre à merveille qu'il faut se défier des flatteurs. Elle pourrait être considérée également comme un chef-d'œuvre de la négociation ; le renard n'a rien à offrir, excepté des louanges et pourtant, totalement démuni, il réussit, par la seule force du verbe, à obtenir ce qu'il désire. Cependant, dans la fable, il ne s'agit pas réellement d'une négociation car le corbeau ne veut ni vendre ni donner son fromage.

La négociation est la rencontre de deux parties qui, bien qu'ayant des objectifs différents, ont un intérêt commun. Les uns souhaitent vendre alors que les autres doivent acheter. Le but de la négociation est alors de se mettre d'accord sur les conditions de la vente et donc de l'achat. Cela paraît simple énoncé ainsi, mais cela ne l'est pas toujours.

> Il est important de se rappeler tout au long de la négociation que les intérêts sont communs pour dédramatiser la situation – surtout si elle devient conflictuelle – et la replacer sur un axe positif.

Mais, avant de traiter des techniques de négociation, il est urgent de tuer définitivement le mythe de l'acheteur négociateur. L'acheteur ne passe qu'une faible partie de son temps de travail à réellement négocier, soit 20 % au maximum d'après nos estimations. L'acheteur, avant d'être un négociateur, est d'abord un chef de projet et un développeur. Il faut nuancer l'image du renard qui obtient ce qu'il souhaite uniquement grâce à ses belles paroles : cela ne fonctionne pas à chaque fois, cela ne fonctionne, en réalité, qu'exceptionnellement. Finissons-en avec le concept de superhéros qui vient « sauver l'entreprise » ou du « Monsieur – X % ». Finissons-en avec ces patrons de business qui font appel aux Achats au dernier moment, juste pour pouvoir dire à leur dirigeant qu'ils ont associé les Achats à leur démarche, juste pour cautionner leurs choix.

L'acheteur, quels que soient ses talents de négociateur, ne parviendra pas à acheter uniquement grâce à ses talents oratoires la dernière innovation du leader incontesté du marché mais à un prix de dumping proposé par le nouvel entrant. C'est pourtant ce que l'on demande parfois à l'acheteur. Les utilisateurs appellent les Achats une fois le fournisseur choisi, et réclament des baisses de prix, imaginant qu'un coup de téléphone suffira à l'acheteur pour y arriver : l'acheteur est alors pourvu de pouvoirs magiques, extraordinaires. Nous revenons au concept du superhéros.

Il est vrai que les vendeurs savent parfaitement que si l'acheteur n'est pas associé en amont à la réflexion et à la démarche, il leur faut garder dans leur cotation 5 % de marge à lui concéder en fin de processus. Chacun donne ainsi l'illusion d'avoir fait son travail, car l'intervention tardive de l'acheteur doit tout de même faire baisser le prix de quelques pour cent. L'acheteur, par sa simple présence et sa rhétorique, n'a pourtant que peu de chance de faire mieux que le technicien motivé qui connaît bien son sujet.

On le détaillera plus tard, le vrai impact Achats réside d'une part, dans la maîtrise du processus d'expression du besoin, le plus en amont du projet possible, et d'autre part, dans la stratégie de consultation mais également dans l'adéquation et la coordination de ces deux sujets. L'objectif de baisse pourra alors porter non seulement sur le prix mais sur le coût complet, et la baisse escomptée ne sera plus de 5 % mais de 25 % du coût complet du projet.

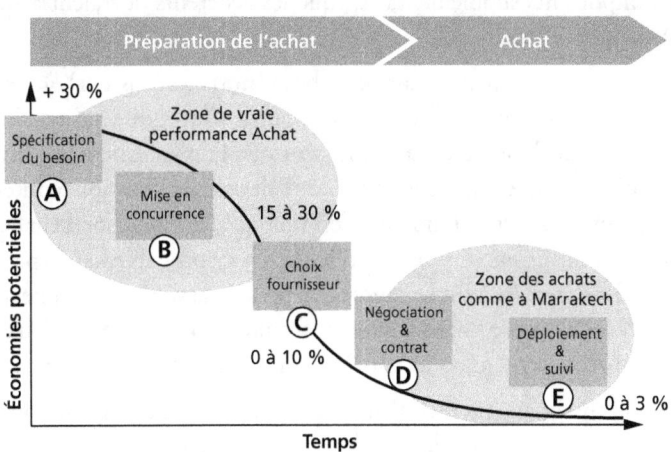

Figure 11 – La performance Achats par rapport à son implication dans le projet

Ce processus Achats n'est pas naturel pour tous. Changer la culture de l'entreprise sur la vraie valeur ajoutée des Achats est encore à ce jour un vrai challenge dans de nombreuses entreprises. L'intégration des Achats le plus en amont possible des projets, quels qu'ils soient, est un élément indispensable de la stratégie de l'entreprise. C'est un gage de maturité mais également d'efficience économique.

Le conseil à donner aux acheteurs confrontés à un demandeur qui a déjà choisi son fournisseur et qui attend de son service Achats une amélioration des conditions d'achat est de bien sûr répondre positivement à la sollicitation, et d'aider le prescripteur à aller « chercher » les 5 % que le commercial a gardés à leur intention.

Dans ce cas, il est néanmoins important d'expliquer au prescripteur la vraie valeur ajoutée des Achats et le processus Achats dans son ensemble pour qu'il comprenne la raison pour laquelle l'acheteur doit être associé en amont et non à la fin du processus. Alerter et convaincre la hiérarchie sur ce point est également nécessaire. Si convaincre le prescripteur est important, convaincre la hiérarchie du prescripteur est l'assurance d'une progression de la maturité Achats dans l'entreprise.

Pour revenir à la fable du corbeau et du renard, elle donne deux enseignements importants supplémentaires, que les acheteurs devraient avoir en tête à chaque négociation.

Le premier enseignement a trait au corbeau (notre fournisseur) qui se sent honteux et jure que l'on ne l'y reprendrait plus, c'est-à-dire qu'il est humilié de s'être fait duper. Or, un fournisseur que l'on souhaite choisir pour une relation commerciale, surtout si cette dernière a vocation à durer, ne doit surtout pas se sentir humilié si l'on veut qu'il donne le meilleur de lui-même. Un fournisseur dupé et humilié cherchera probablement à prendre sa revanche, et sera à l'affût de toute faille pour y parvenir. Ainsi, une négociation réussie doit se finaliser avec le sentiment qu'aucune des deux parties n'est perdante, mais qu'au contraire chacune est ressortie gagnante.

Le second enseignement est qu'au cours d'une négociation il faut toujours considérer que l'on peut aller plus loin que la simple logique nous permet de l'imaginer. Personne n'aurait pu penser que le corbeau se ferait duper aussi bêtement, et pourtant, le renard a réussi l'impensable. L'acheteur doit se donner des objectifs ambitieux, être créatif et oser. « Oser encore plus » est la devise d'un acheteur qui, en général, obtient plus, donc peut se montrer plus efficace en négociation.

Parvenir à un accord

Nombre de jeunes acheteurs rompus aux techniques d'achat oublient parfois qu'il faut parvenir à un accord entre les parties. Parvenir à un accord est un sujet d'ailleurs peu, voire pas enseigné à l'école et rares sont les livres sur les Achats qui le traitent.

Détaillons ici quelques prérequis sur la façon de parvenir à un accord. Plusieurs méthodologies existent, mais elles ont toutes des points de convergence. Et l'on peut les résumer à cinq façons différentes majeures pour réconcilier des intérêts contradictoires entre deux parties :

Le conflit

Le conflit vise à atteindre l'objectif par le seul usage du rapport de force. Il faut toujours se rappeler qu'au cours de la négociation l'acheteur a un objectif mais ne sait pas jusqu'où peut aller le fournisseur. Le conflit permet d'identifier le point de rupture et ainsi de se rassurer, ne serait-ce qu'un peu, sur le fait que l'entreprise a obtenu le maximum de ce qui était possible et que le fournisseur n'ira pas au-delà.

Cette méthode est rarement pratiquée lorsque la négociation est menée par le prescripteur qui n'ira au conflit qu'exceptionnellement. En effet, il aura par la suite à gérer l'opérationnel avec le fournisseur et doit donc garder un bon relationnel avec ce dernier. En revanche, le conflit peut aisément être employé par l'acheteur qui passe la main une fois la négociation finie et peut toujours recourir à l'intervention du prescripteur pour trancher en cas de blocage.

Par ailleurs, dans certaines entreprises, les responsables commerciaux qui négocient les contrats sont différents de ceux qui suivent le compte client une fois le contrat signé. Cela est en partie dû également au fait qu'un commercial qui a négocié rudement, voire qui est allé au conflit, aura plus de mal à garder de bonnes relations par la suite et la vie du contrat risque de s'en trouver affectée. Dans une telle organisation commerciale, il paraît évident que la négociation risque d'être difficile, voire conflictuelle.

Le compromis

Le compromis vise à atteindre un objectif, qui peut être différent de l'objectif initial, en trouvant un accord stable par une concertation avec l'autre partie.

Le contournement

Le contournement vise à atteindre l'objectif en modifiant l'environnement de l'autre partie de telle façon qu'elle subisse une pression l'amenant à renoncer à l'objectif initial.

La persuasion

La persuasion vise à atteindre l'objectif par l'argumentation, en convainquant l'autre partie de son intérêt à y renoncer totalement ou partiellement. Il s'agit de faire découvrir à l'autre partie les avantages de la solution et de démontrer qu'ils ne peuvent que servir ses attentes, voire que cette solution découle de ses propres aspirations. La paternité du projet revient, de fait, en partie à cet interlocuteur qui sera vraisemblablement enclin à l'accepter.

Le renoncement

Le renoncement vise à abandonner l'objectif au profit de la préservation ou de l'atteinte d'objectifs tangibles d'intérêt supérieur.

> Lors d'une négociation complexe ou longue, les façons de parvenir à un accord peuvent évoluer et se succéder.

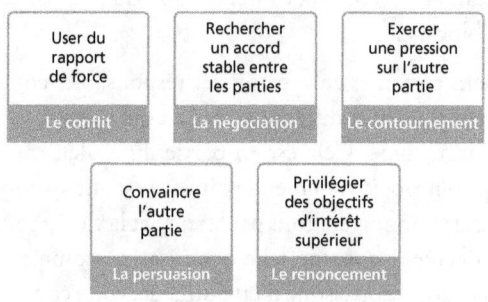

Figure 12 – Cinq façons de parvenir à un accord

La négociation en tant que telle est l'atteinte du **compromis**.

La définition des objectifs Achats

Pour préparer la négociation du compromis, il faut lister les objectifs en les classant par nature (quoi) puis par niveau (combien). Il convient de commencer par les objectifs les plus faciles, ce qui mettra les parties dans une dynamique de succès.

Un objectif par nature est prioritaire sur un objectif en niveau. L'ordre du jour d'une réunion vise à lister les objectifs par nature. La définition de l'ordre du jour n'est pas anodine mais constitue déjà la première phase de négociation.

Pour les objectifs quantifiables (le combien), l'acheteur doit définir :

- L'annonce : elle représente le niveau haut qui est celui que l'on va demander au fournisseur en début de négociation.
- La cible ou mire : elle est le niveau objectif que l'on veut atteindre.
- Le point de rupture : il est le niveau en dessous duquel on ne descendra pas et qui représente le niveau minimal possible. Ce point de rupture est crucial et il n'est pas toujours facile de l'évaluer en interne.

L'approche peut être plus ou moins offensive en fonction du positionnement relatif de la mire et de l'annonce. La tension de la négociation sera fonction du positionnement relatif des trois niveaux : annonce, mire et rupture. Ainsi, selon les parties en présence et les relations, on choisira le positionnement de la mire.

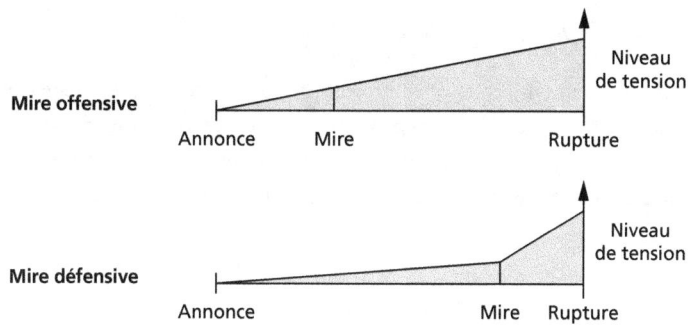

Figure 13 – Cible et niveau de tension

La compétence de l'acheteur réside bien sûr dans l'élaboration et la mise en œuvre de la tactique de négociation et de l'argumentaire associé aux trois niveaux (annonce, mire et point de rupture). Une grande partie du succès de la négociation réside dans cette préparation. Chaque chiffre donné en négociation doit être argumenté.

Définir et calculer les trois niveaux a également le rôle salutaire de se convaincre sur ce qu'il convient d'atteindre. Cela permet de réfléchir en interne avec ses prescripteurs sur les vrais enjeux et les conditions économiques acceptables pour l'entreprise. Cela permet également de se mettre d'accord en amont de la négociation, de faire baisser la tension avant et pendant la négociation chez les acheteurs qui connaissent les solutions de repli pour les avoir calculées, préparées et validées.

Il faut justifier sa mire par un argumentaire marché (offre/demande), technique produit (performance/coût), ou par un argumentaire plus global (intégration du produit/service ou intérêt supérieur de la relation client-fournisseur).

Pour chaque point à négocier, après s'être fixé les trois niveaux et les avoir hiérarchisés, il faut décider des contreparties à concéder au fournisseur pour parvenir au compromis. L'acheteur doit alors avoir identifié les leviers de négociation possibles et les contreparties à concéder au fournisseur, le mot d'ordre étant « on ne donne rien sans contrepartie ». Le fournisseur a, de son côté, la même philosophie. Il est ainsi évident que juste énoncer ses objectifs ne suffira pas à obtenir un compromis.

Les tactiques Achats de négociation du compromis

Il existe plusieurs analyses et méthodes qui définissent les stratégies et les tactiques de négociation. Nous proposons d'en présenter une en particulier qui définit six différentes grandes tactiques de négociation en fonction de l'intérêt des uns et des autres à aboutir, et du niveau de confiance réciproque.

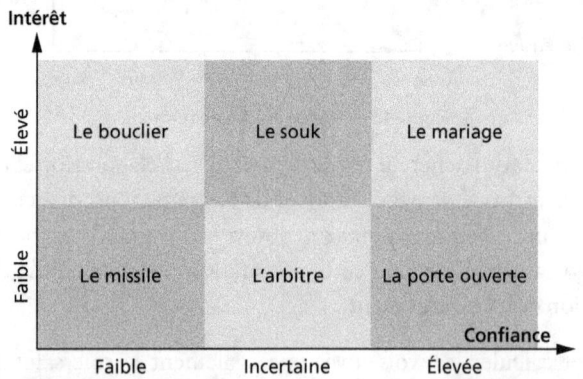

Figure 14 – Les six grandes tactiques de négociation du compromis

Le mariage

L'intérêt et le niveau de confiance sont au maximum. C'est la tactique qui se présente dans une négociation à « livre ouvert » ou une situation de partenariat dans laquelle les deux parties ont une grande confiance mutuelle et de forts intérêts à trouver un accord. C'est la tactique de l'objectif commun avec le calcul commun d'une mire qui peut convenir aux deux parties, ainsi que la recherche d'un accord central et principal qui transcende l'ensemble des autres désaccords. Pour fonctionner, cette transparence totale et cette ouverture ne doivent pas générer de conflit entre les parties. Attention, une fois engagé, le processus est irréversible.

La porte ouverte

L'intérêt est faible et l'approche est opportuniste. On définira une mire offensive et associera d'autres conditions à l'accord. C'est la tactique de la recherche d'un gain à long terme. Les parties dissocient les objectifs à court et long terme.

Le souk

La relation est incertaine mais l'intérêt est élevé. C'est le marchandage, la négociation « donnant-donnant » où l'on progresse par « petits pas ». Autant prévoir une annonce ambitieuse, et pourquoi pas deux mires. Il conviendra de progresser entre l'annonce et la mire, très lentement. Cette tactique nécessite d'avoir beaucoup de temps.

L'arbitre

Nous sommes dans le même cas de figure que précédemment mais l'intérêt est faible. La mire sera offensive et la tactique consiste à optimiser l'accord grâce à l'intervention d'une personne extérieure à la négociation : un expert, un utilisateur ou un prescripteur. La vigilance doit porter sur le comportement de la personne extérieure qui ne doit arbitrer que les points à arbitrer, et ne pas intervenir sur les autres points de la négociation.

Le missile

Les enjeux et la confiance sont faibles. C'est la tactique offensive visant à maximiser les gains. En temps de guerre c'est l'attaque frontale. Le point de rupture est proche du point d'annonce et la mire est donc ambitieuse.

On peut ajouter toutes les conditions et faire traîner les choses pour mettre une pression maximale sur le temps. « Ça passe ou ça casse » : il faut maximiser les gains.

Le bouclier

Les enjeux sont élevés mais la confiance est faible. La tactique est défensive ayant pour but de minimiser les coûts et les risques. Le point d'annonce sera très réaliste et le point de rupture assez éloigné du point d'annonce. La mire sera défensive. La pression du temps doit être minimale, il faut minimiser les coûts et les risques.

Dans chaque tactique de négociation il faut gérer les concessions, les intervenants mais également le timing. Une grande partie de la réussite de la négociation réside dans le bon management du timing. Le temps dont l'acheteur dispose pour négocier est un élément décisif.

Négocier au dernier moment, sur une durée de temps très courte, est défavorable pour la partie qui achète et qui se trouve alors en position de faiblesse car pressée par le temps pour aboutir. Cela est d'autant plus vrai lorsque la négociation est de gré à gré sans mise en concurrence possible, ce qui est une situation fréquente. C'est le cas par exemple lorsque les investissements portent sur des extensions de solutions et donc nécessitent de déployer la technologie déjà choisie, présente dans l'entreprise ; ce que le fournisseur n'ignore pas.

À l'inverse, disposer d'un délai confortable, avoir du temps pour préparer sa négociation et ne pas se sentir stressé par le délai concourt à se mettre en position de force. D'où l'importance pour l'acheteur d'être associé à la démarche en amont, dès la connaissance du besoin, et de commencer la négociation à un moment bien choisi pour le fournisseur en regard de son activité. Il faudra éviter par exemple la période de la fin d'arrêté comptable. L'acheteur connaît son marché fournisseurs et sait mieux que ses prescripteurs internes quelles sont les bonnes périodes pour se lancer dans une négociation.

Les quatre points de vigilance indispensables à prendre en compte avant d'entrer en négociation, et cela quelle que soit la tactique de négociation choisie, sont :

- La gestion du timing.

- La préparation de ses objectifs et de sa tactique de négociation : être clair sur ses points d'annonce, de rupture, de mire, et savoir les justifier.
- La préparation des contreparties : on ne cède jamais rien sans demander de contrepartie.
- L'identification des points les plus faciles pour toujours commencer par ceux-là.

Un des facteurs clés de succès de la négociation est sa préparation.

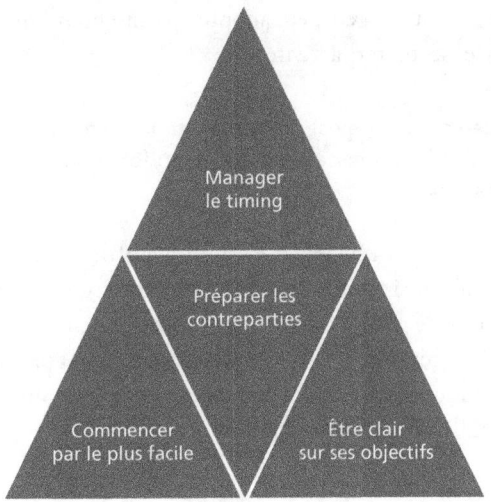

Figure 15 – Points à retenir avant la négociation

La remise de fin d'année

« *La seule chose promise d'avance à l'échec, c'est celle que l'on ne tente pas1* ».

Une remise de fin d'année est un avantage à obtenir par l'acheteur auprès du fournisseur, même si cela n'est pas toujours chose aisée et que la gestion des remises de fin d'année – leur calcul, la vérification, les demandes et les réclamations répétées – peut s'avérer fastidieuse et très chronophage pour les acheteurs.

---

1. Citation de Paul-Émile Victor, au pôle Nord, en 1936.

La remise de fin d'année est une des formes de ce que l'on appelle communément « marge arrière ». Un dispositif de loi et d'amendements (Galland, Jacob-Dutreil, Chatel, LME) renomme les remises arrière en « autres avantages financiers » et définit les règles dans lesquelles se calcule le seuil de revente à perte du fournisseur, en tenant compte désormais de la déduction des autres avantages financiers consentis par le vendeur.

La pratique de la « marge arrière » est très fréquente dans la grande distribution, accusée parfois de s'en servir pour masquer les vrais prix. La remise de fin d'année a, quant à elle, été adoptée par un grand nombre d'entreprises de tous les secteurs d'activité.

> La remise de fin d'année est un pourcentage de remise sur le prix de vente versé par le fournisseur au client, en fonction de la volumétrie annuelle des achats.

Souvent, des seuils de déclenchement minimaux de la remise de fin d'année sont négociés ainsi que des tranches de volumétrie différentes générant des pourcentages de remise croissants, proportionnellement aux volumes achetés. Ainsi, les remises de fin d'année n'apparaissent pas sur les factures puisqu'elles sont conditionnelles et conditionnées au volume de quantité ou de chiffre réalisé durant l'exercice.

En fin d'année ou d'exercice, le montant de remise de fin d'année est calculé. Il est versé au client ou donne droit à un avoir sur les achats futurs chez le fournisseur.

Il est évident que des prix nets à l'achat, les plus intéressants possible, sont préférables à tout dispositif de remise *a posteriori*. Cela dit, lorsque les prix les plus bas possibles ont déjà été obtenus et que l'acheteur est persuadé que le fournisseur ne baissera plus les prix, et n'accordera plus aucun avantage ou condition commerciale complémentaire, alors des remises de fin d'année peuvent être négociées en complément.

La démarche des acheteurs de négocier des remises de fin d'année doit permettre de faire « accoucher sans douleur » les fournisseurs de ces dernières.

Comment négocier des remises de fin d'année

Quelques clés de réussite pour arriver à négocier des remises de fin d'année intéressantes :

1. Expliquer que cette démarche de remise de fin d'année est une anticipation de la démarche Achat de l'année suivante.

– Donner de la perspective sur les consultations à venir, sur les nouveaux projets et sur l'expansion du groupe.

– Expliquer que cette démarche assurera la compétitivité des fournisseurs du panel : le panel va se structurer et se diversifier, seuls les meilleurs fournisseurs resteront.

L'objectif est de donner envie au fournisseur de se procurer un avantage compétitif par rapport aux autres fournisseurs du panel, et de gagner des parts de marché au sein de l'entreprise grâce à la remise de fin d'année.

2. Le fournisseur peut prendre cette opération comme une opportunité de croissance mais aussi une menace. Un fournisseur dont il sera prouvé qu'il pratique des tarifs avec des marges trop importantes sans avoir participé au programme de remise de fin d'année de l'année passée sera impitoyablement sanctionné. Il faut donc, dans ce cas, systématiquement demander des arriérés pour les remises non données les années passées.

3. Préparer avec les prescripteurs et les fournisseurs la démarche. Ils doivent l'encourager en apportant des idées et en proposant des opportunités d'ouverture. Un fournisseur qui est force de proposition va être plus fiable et surtout « tenir » les conditions proposées puisqu'elles viennent de lui.

4. Se servir des enseignements obtenus grâce à l'analyse du bilan et des liasses fiscales du fournisseur pour argumenter la possibilité d'obtenir des avantages commerciaux et une remise de fin d'année intéressante.

– Le chiffre d'affaires du fournisseur chez son client est-il en croissance ?
– Son augmentation est-elle plus importante que prévu initialement ?
– L'amortissement des frais fixes a-t-il été plus rapide ?
– Son niveau de profit est-il supérieur à celui de votre entreprise ?

5. Négocier et utiliser toutes les tactiques de négociation possibles. Il ne suffit pas de demander une remise de fin d'année au fournisseur, il faut la négocier pour s'assurer qu'elle sera optimale.

6. Demander aux fournisseurs d'être proactifs, solliciter toutes leurs idées pour baisser les prix et les coûts. Lorsque l'on achète un produit ou une prestation à un fournisseur, on achète l'ensemble de la performance du fournisseur. Le fournisseur doit partager ses plans de progrès et ses bénéfices avec son client. Ainsi, la remise de fin d'année doit en tenir compte également.

7. Trouver le bon interlocuteur, ne discuter qu'avec celui qui peut décider et remonter dans la hiérarchie jusqu'au P-DG s'il le faut, sans complexes. Souvent accorder une remise de fin d'année n'est pas du ressort du responsable commercial habituel, sauf si cette remise fait partie intégrante et systématique de la politique commerciale et tarifaire du fournisseur. Par exemple, Air France accorde des remises *a posteriori* à condition que des parts de marché voulues ou des augmentations de parts de marché fixées soient atteintes. Dans ce cas, l'acheteur aura pour objectif de transformer les remises de fin d'année en prix nets plus avantageux et donc non soumis à conditions, ce qui n'est pas toujours très facile.

8. Analyser les facteurs économiques externes : taux de change, hausses de salaires, inflation.

■ Le *Signing Bonus*

Contrairement à la remise arrière ou de fin d'année, versée après un temps de collaboration en fin d'année, le *Signing Bonus* est versé par le fournisseur à l'entreprise cliente en début de collaboration. Moins fréquente que la remise de fin d'année, cette pratique fait sens lorsque les coûts liés au changement de solution ou d'un fournisseur sont élevés ou que la mise en œuvre est longue.

Dans certains cas, le ROI lié au changement de fournisseur est supérieur à une durée acceptable par l'entreprise ; dans d'autres, le TCO de la nouvelle solution est élevé du fait des coûts de changements à intégrer (nouveaux outillages ou formation interne nécessaire). Lorsque le ROI, la complexité ou le coût du changement sont des freins, les fournisseurs peuvent débloquent un budget avant le démarrage du contrat pour aider le client dans sa prise de décision.

Pour le fournisseur, ce *Signing Bonus* est un investissement à long terme, dont le montant dépend de la durée prévue de la relation commerciale et du potentiel d'affaires à développer avec le prospect. Pour l'entreprise, ce *Signing Bonus* est une aide à la décision. Si le coût du changement est en partie financé par le fournisseur, l'acheteur a une plus grande marge de manœuvre pour convaincre ses clients internes.

Toutefois, le *Signing Bonus* et la RFA diminuent la marge, donc la rentabilité du fournisseur. Son versement n'est donc pas anodin. Comme pour la RFA, il est préférable de ne demander le *Signing Bonus* qu'après avoir négocié au maximum les prix nets.

Les motivations et la prise en compte du facteur humain

Très vite, de façon idéale, avant d'entrer en négociation ou au moins dès le début de la négociation, il faut que l'acheteur comprenne à la fois les motivations profondes de l'entreprise avec laquelle il sera amené à négocier et celles de son interlocuteur commercial, mais également la personnalité de celui-ci.

Les motivations de l'entreprise fournisseur

Les motivations du fournisseur ne sont pas que financières. Certes, il doit vendre avec la marge commerciale qui permettra à son entreprise de dégager le niveau de bénéfice suffisant mais c'est le principe de base au-delà duquel des motivations, autres que financières, doivent être identifiées.

Les autres motivations long terme et de croissance de l'entreprise peuvent être par exemple le désir d'être référencée pour pouvoir démarcher les entités du groupe, l'augmentation des parts de marché, l'atteinte d'une taille critique, la vente d'une nouvelle activité, la volonté de ne pas perdre un client qui représente une vraie « carte de visite », etc.

Les motivations de l'interlocuteur commercial

Les motivations de l'Homme se confondent parfois avec celles de l'entreprise pour laquelle il travaille mais en tant qu'Homme, il a lui-même des motivations propres qui vont bien au-delà.

Il y a autant de motivations que d'Hommes : ceux qui ont besoin de plaire et de séduire, ceux qui veulent prendre une revanche suite à un échec antérieur, ceux qui attendent une prime de fin d'année et doivent remplir leurs objectifs personnels, ceux qui aiment le conflit et ceux qui le détestent, ceux qui ont un immense besoin de reconnaissance...

Pour tous ces Hommes, la motivation n'est pas toujours en phase avec l'enjeu, mais elle conditionne inexorablement la façon dont la négociation va se passer.

La personnalité de l'interlocuteur commercial

Pour chaque individu se jouent ou se rejouent parfois des problématiques singulières, qui sont liées à son histoire personnelle : certaines personnes sont prisonnières de schémas et de modes de fonctionnement, d'autres sont mues par un inconscient puissant qui, indépendamment de tous les arguments extrêmement factuels et logiques, va les faire agir de façon qui pourrait paraître parfois irrationnelle. Certains commerciaux seront alors narcissiques, d'autres seront dans le déni, d'autres encore auront tendance à se sentir persécutés.

Les acheteurs ne sont ni psychologues ni psychothérapeutes, et ne sauront pas forcément identifier et mettre des mots sur ce qui va faire agir les commerciaux. Mais une chose doit leur rester à l'esprit : ne jamais oublier que le facteur humain est essentiel dans toute négociation.

Comment améliorer la performance
de la négociation en prenant en compte l'humain ?

Un conseil précieux est de faire intervenir sur des négociations importantes plusieurs négociateurs de part et d'autre afin d'atténuer l'effet « motivation » et « personnalité » d'une seule personne. En effet, le vendeur aura plus de mal à détecter et à répondre simultanément aux motivations profondes de deux interlocuteurs Achats plutôt que d'un seul.

Au sein de l'entreprise, la psychologie humaine est souvent cantonnée à la sphère privée et au mieux dans les services des ressources humaines lors des recrutements. Alors que c'est une donnée incontournable des relations du travail et qu'elle prend toute son importance lors d'une négociation.

En effet, au-delà de la stratégie, des objectifs et des tactiques employées, la négociation met en présence des hommes et des femmes qui auront à se mettre d'accord sur des décisions, et souvent devront les vendre pour les faire valider en interne dans leurs entreprises respectives.

Dans des situations de tension, le facteur humain est primordial. Le fait de savoir s'adapter à son interlocuteur, d'anticiper une réaction négative, d'identifier un blocage et de savoir désamorcer un conflit inutile, bref, d'avoir des notions de psychologie et de les mettre en pratique permet de mieux et plus facilement mener une négociation. Un acheteur qui possède ces aptitudes sera bien plus efficace qu'un autre et aura l'ascendant sur l'autre partie s'il s'y prend de façon habile. Il ne s'agit en aucun cas de manipulation mais de compétences à comprendre les ressorts humains et à en tirer parti.

Exemple

Pour exemple, une négociation difficile avec un gérant de PME qui développait une carte électronique pour notre bureau d'études, sans le concours des Achats. Sans contrat, les conditions de la propriété intellectuelle non négociées, les contraintes de planning fortes et sans solution de remplacement, le fournisseur en a profité pour présenter une offre inacceptable avec des coûts de développement élevés, des prix fluctuants sans formule de révision appropriée et une obligation de quantités bien supérieure à ce qui pouvait être acheté.

Le niveau de stress était maximal car notre position était défavorable. Rétablir la situation impliquait que le fournisseur renonce à de nombreux avantages sans y être obligé. C'est alors que les Achats ont été sollicités. De plus, notre interlocuteur a montré une personnalité difficile, rigide, avec le besoin d'être sécurisé en permanence ; il pensait être trompé par un acheteur perçu comme arrogant et qui voulait lui cacher des choses.

Notre fournisseur a décidé d'arrêter le projet. Après de longues discussions nous avons réussi à reprendre la négociation, promettant un changement d'acheteur, ce qui parfois s'avère une tactique de négociation efficace. D'ailleurs, l'acheteur avouait son impuissance, dépassé par les réactions de son interlocuteur qui se sentait agressé par toute demande. Le nouvel acheteur a fait preuve d'humilité et a impliqué son manager dans la négociation, flattant l'ego du gérant de PME.

> Nous avons donné de l'importance à notre interlocuteur, l'avons beaucoup rassuré sur nos intentions, lui donnant le sentiment que toute avancée était liée à son professionnalisme.
> Finalement, les plannings ont été tenus, la carte a été développée avec succès, les quantités ont été engagées sur une base réaliste, et une formule de révision des prix acceptable a été accordée.
> Dans la réussite de ce projet l'attitude adoptée face à un interlocuteur difficile a été plus déterminante que la tactique de négociation.

Nous pensons donc que des formations adéquates abordant la psychologie humaine sont très utiles aux acheteurs. Il est évident qu'un prescripteur interne aura plus de mal à passer le temps nécessaire à comprendre son interlocuteur, décoder ses ressorts psychiques et qu'au-delà de la technicité d'une négociation, l'attitude psychologique est tout aussi importante.

■ L'organisation du processus Achats : la vraie valeur ajoutée

Nous avons vu que les résultats des acheteurs ne résidaient que très partiellement dans leurs talents de négociateurs. La figure 11 présentée précédemment (« La performance Achats par rapport à son implication dans le projet »), et couramment utilisée pour expliquer la création de valeur générée par un processus Achats, explique comment la fonction Achats est d'autant plus efficace qu'elle est intégrée tôt dans un projet.

- Comment puis-je garantir mon efficacité :
  - si je ne sais pas spécifier clairement mon besoin ?
  - si je ne laisse pas la possibilité à mes fournisseurs – *a priori* experts dans leur domaine – de me proposer les meilleures solutions qui répondent à mon besoin fonctionnel ?
- Comment garantir la pérennité de ma relation si je n'ai pas audité les comptes de mes fournisseurs ?
- Comment garantir le meilleur coût :
  - alors que je travaille avec un fournisseur qui perd de l'argent ?
  - alors que je n'ai construit aucun levier pour obliger le fournisseur à me livrer au meilleur prix ?

Le processus Achats doit répondre à toutes ces questions. La lecture de certains des nombreux livres de théorie Achats sur les processus, dont vous trouverez quelques suggestions de titres dans la bibliographie, vous permettra de vous faire une idée plus précise.

Mettre en concurrence : la base

C'est l'incontournable et la bonne pratique à promouvoir au sein de toutes les entreprises. La mise en concurrence permet de connaître les conditions concurrentielles du marché. Sans la mise en concurrence, nous n'avons aucune garantie d'obtention des meilleures conditions, même en confiant la négociation au plus chevronné des acheteurs. Au préalable à toute mise en concurrence, il faut passer par deux étapes : la rédaction de la note de cadrage et l'écriture du cahier des charges, avec les éventuelles spécifications techniques.

La note de cadrage

La note de cadrage a pour objectif de préciser l'ensemble des éléments qui constituent le cadre du projet et de la mise en concurrence. Elle liste les objectifs principaux et les enjeux du projet : ses intervenants, les rôles de chacun, le planning, les budgets en jeu, le nombre de fournisseurs à consulter.

La note de cadrage permet de mettre d'accord les différentes parties prenantes internes à l'entreprise sur l'ensemble de ces éléments. Pour des projets Achats simples, elle peut se résumer à un e-mail échangé mais en cas de projets Achats complexes, elle peut faire l'objet de plusieurs réunions de cadrage et de documents élaborés. La note de cadrage doit éviter les dérives, et surtout les litiges internes, en cas de problèmes qui peuvent survenir durant le déroulement du projet et de la négociation, tel un dépassement budgétaire ou un glissement du planning.

La note de cadrage est valable pour tout type de négociation, gré à gré ou processus d'appel d'offres.

L'étape de cadrage existe presque toujours dans les entreprises, mais la formalisation écrite des principes – donc la note de cadrage écrite – est parfois négligée.

Le cahier des charges

Une fois le cadrage finalisé et avant de se lancer dans une négociation, il faut procéder à l'écriture d'un cahier des charges. Cette étape est cruciale et valable, comme pour la note de cadrage, quel que soit le type de négociation, gré à gré ou processus d'appel d'offres.

Le cahier des charges est le descriptif des besoins que souhaite acquérir l'entreprise : ce qu'elle désire acheter et les conditions dans lesquelles l'achat doit s'effectuer. Le cahier des charges définit ainsi les besoins, voire les fonctions à remplir et les performances attendues. Le cahier des charges sera contractuel entre l'entreprise et le fournisseur retenu. Il doit être vérifiable (résultats ou performances mesurables).

L'écriture d'un cahier des charges est le moment privilégié pour se poser les bonnes questions sur son besoin et son organisation, mais également sur ses processus internes. Le cahier des charges est de la responsabilité conjointe du prescripteur et de l'acheteur. Même si le cahier des charges technique est écrit par la direction concernée par le besoin, l'acheteur doit être intégré au principe de son élaboration car il doit pouvoir remettre en cause le besoin, interroger les prescripteurs sur les budgets et le contenu du cahier des charges.

C'est au moment de l'écriture du cahier des charges que se pose la question de l'obligation de résultat et du niveau du service demandé. Du niveau de service dépendra en partie le prix. L'acheteur va transcrire les besoins en obligations de résultat et tout faire pour éviter l'obligation de moyens qui, par expérience, est plus coûteuse puisqu'elle ne permet pas toujours au fournisseur de mutualiser ses moyens, et donc de mettre en place une organisation la plus optimisée possible.

L'obligation de résultat pose l'exigence mais permet au fournisseur de s'organiser pour y parvenir, de faire jouer ses spécificités et d'optimiser son processus d'exploitation, de fabrication, pour répondre au besoin.

L'acheteur va poser les questions sur la pertinence de l'achat, sur le niveau de qualité demandé, sur le niveau de service dont l'entreprise a besoin, mais également sur le budget dont dispose le prescripteur. Il aura un regard extérieur et neutre. Le prescripteur aura tendance à demander « plus » pour s'assurer d'une exploitation ou d'une utilisation de très bon niveau car c'est lui qui aura à répondre du rendu en interne. L'acheteur doit veiller à bien comprendre les besoins pour non pas acheter « plus » mais optimiser la solution demandée : « ni trop ni trop peu ». C'est du dialogue entre le prescripteur-demandeur et l'acheteur que naît le bon niveau de besoins.

Dans ce processus, qui peut parfois être long et complexe, il ne faut pas négliger le rôle des fournisseurs qui vont pouvoir également suggérer des solutions ou des méthodes ; le tout alimentera la réflexion sur le besoin et le cahier des charges.

Le cahier des charges qui laisse le plus de créativité aux fournisseurs est le cahier des charges fonctionnel : il définit les besoins en termes de fonctions sans donner les solutions. L'objectif est d'obtenir des réponses variées et d'optimiser les performances possibles, mais également les coûts.

Dans certains cas particuliers, l'acheteur négocie sur la base de spécifications techniques. Contrairement au cahier des charges, elles sont précises et élaborées en aval du processus de conception. Elles spécifient de façon précise quel produit ou quelle solution doivent être apportés.

Le gré à gré

Souvent, les acheteurs sont contraints à des négociations de gré à gré. Plusieurs cas de figure peuvent se présenter où ce type de négociation s'impose à lui comme une fatalité :

- le fournisseur a déjà réalisé la première partie d'un projet et tout le monde s'accorde à dire qu'il est le seul à pouvoir le poursuivre ;
- le fournisseur est le spécialiste incontesté d'un domaine stratégique métier ou bien en situation de monopole, et l'on n'a pas le choix de fournisseurs ;
- le fournisseur déjà en place obtient d'excellents résultats et l'on ne souhaite pas en changer ;
- le manque de temps et la nécessité de commencer le projet très vite obligent à ne traiter qu'avec un seul fournisseur.

Toutes ces raisons et bien d'autres, bonnes ou mauvaises, sont opposées à l'acheteur pour faire du gré à gré, donc à ne négocier qu'avec un seul fournisseur. En effet, cela permet de gagner en temps de négociation mais ne donne pas les garanties d'un achat optimisé. Le fournisseur est seul et il le sait. Il se trouve dans une position de force face à l'acheteur et n'a pas intérêt à donner la mesure de ce qu'il pourrait lui accorder.

> La mise en concurrence peut être simplifiée, grâce à une consultation du marché simplifiée à juste trois fournisseurs consultés sur la base d'un cahier des charges léger. Cela permet de travailler rapidement. Cela est aussi bien adapté aux achats simples, à de petits budgets et à des enjeux non stratégiques.

L'appel d'offres

L'appel d'offres n'est pas ouvert dans le monde de l'entreprise privée contrairement aux appels d'offres publics. Les Achats constituent avec le prescripteur la liste des fournisseurs à consulter. C'est avant de lancer l'appel d'offres que l'acheteur s'assure que les fournisseurs à consulter ont une santé financière satisfaisante et ne présentent pas de problème de dépendance économique.

L'appel d'offres est un processus de consultation du marché, codifié, qui permet de recevoir des offres de fournisseurs différents et d'aboutir au choix d'un ou de plusieurs fournisseurs après un processus de validation de la compréhension du cahier des charges, de la faisabilité du projet et du planning demandé, mais aussi après une ou plusieurs phases de négociation. Les parties prenantes en interne de l'entreprise donnent leur avis sur la qualité de réponse des fournisseurs, sur les soutenances à l'oral des fournisseurs pour expliquer le contenu de leur offre, et sur les solutions techniques proposées selon des notes pondérées au sein d'une grille d'évaluation multicritère.

L'acheteur est le garant du bon déroulé de toutes les phases d'un appel d'offres. Il l'organise de bout en bout, s'assure que les notes attribuées correspondent à une réalité et ne sont pas faussées. Il analyse et préconise le fournisseur qui ressort le mieux disant.

La question s'est souvent posée sur qui décide au final du choix du fournisseur : l'acheteur ou le prescripteur ?

> Un appel d'offres bien mené est fondé sur un cahier des charges complet, dans lequel toutes les parties ont pu s'exprimer, poser les questions, écouter les fournisseurs et donner leur avis. Il aboutit souvent à un choix consensuel qui ne nécessite pas de décision d'arbitrage. L'acheteur et son demandeur sont d'accord sur la solution et le fournisseur.

Dans certains cas rares, il y a désaccord. Dans le passé, le détenteur du budget tranchait et choisissait. De plus en plus souvent maintenant, la décision revient à un arbitre qui peut parfois être le directeur général. Cependant, il est préférable de pouvoir arbitrer sans remonter jusqu'à ce dernier. La bonne solution semble être une décision discutée entre les directeurs des fonctions : celle du prescripteur et le directeur Achats.

Enchères inversées

Qu'est-ce que l'enchère inversée ?

L'enchère la plus connue du grand public est celle où un vendeur offre un produit ou un service pour lequel des acheteurs font des offres de plus en plus compétitives. Les prix sont revus à la hausse jusqu'à ce qu'aucun acheteur ne surenchérisse. Le produit ou le service est donc attribué à l'acheteur qui propose le prix le plus élevé.

Dans le domaine des Achats, il existe un style d'enchère qui fonctionne de manière opposée : l'enchère inversée. C'est cette fois l'acheteur qui prend l'initiative en diffusant les détails de son propre cahier des charges (quantité, délais, qualité, environnement contractuel...) vers une cible de fournisseurs qui, s'ils sont intéressés, disposent alors d'un temps limité pour faire des propositions de prix de manière compétitive. Les prix sont cette fois revus à la baisse jusqu'à ce qu'aucun fournisseur ne « sous-enchérisse ». Bien sûr, le respect du cahier des charges est demandé aux fournisseurs. Seul le prix est modifié.

Dans quel cadre faire une enchère inversée ?

D'une manière générale, on utilisera l'enchère inversée dans le cadre d'un achat de produits ou de services génériques, bien définis et tout à fait comparables d'un fournisseur à l'autre.

De nombreux critères qui pèsent habituellement dans la décision d'achat tels que l'analyse financière, les références, la capacité d'innovation, la proximité des valeurs, l'éthique, etc., ne peuvent être pris en compte pendant l'enchère. Ces critères doivent donc être intégrés dès la sélection des fournisseurs.

Tous les fournisseurs qui ne présentent pas de garanties suffisantes seront éliminés avant l'enchère. En outre, toutes les offres qui ne répondent pas au cahier des charges ne sont pas prises en compte et les fournisseurs qui les ont faites ne sont pas autorisés à participer à l'enchère inversée.

Les différents types d'enchères

Les enchères standards

Prenons le cas simple d'un acheteur qui doit s'approvisionner avec 100 produits pour lesquels la qualité et le délai n'ont pas d'importance. Il va donc uniquement comparer le prix proposé par chaque fournisseur pour ce panier d'achats et sélectionner le moins cher.

L'utilisation des enchères inversées électroniques a deux avantages dans cette situation d'achat :

- D'une part, obtenir le prix de chaque produit : les fournisseurs vont entrer dans l'outil électronique le prix de chaque produit et vont pouvoir modifier ces prix au cours de l'enchère pour améliorer leurs offres. Ce travail sera facilité par la remise des offres sous la forme d'un tableau de 100 lignes.

- D'autre part, identifier l'offre la plus économique : les enchères inversées apportent une dynamique à l'appel d'offres. Les fournisseurs vont remettre leurs offres et chacun d'eux va être informé du prix à dépasser pour remporter le marché. L'information donnée sur le niveau de prix pratiqué par le fournisseur en tête va permettre aux autres de mesurer l'effort à faire pour le battre. Les prix vont donc baisser et la concurrence sera « pleine et entière ».

À l'issue de l'enchère, l'acheteur connaît donc le fournisseur qui lui propose le prix le plus bas pour la totalité des produits qu'il veut approvisionner. Accomplir le même travail sans les enchères inversées aurait été beaucoup plus long et plus fastidieux.

Les enchères standards multiples

Les enchères inversées ne sont pas uniquement un moyen efficace de faire baisser le prix. Il est également possible de les utiliser pour gagner du temps en ne menant qu'une enchère pour deux ou plusieurs contrats distincts. On appelle ces différents contrats des « lots ».

Par exemple, un acheteur cherche à approvisionner deux sites. Le produit est le même pour les deux sites mais ceux-ci n'ont pas la même consommation. Si ces deux sites sont éloignés l'un de l'autre, il n'est pas sûr que le même fournisseur puisse proposer le même tarif pour livrer le produit aux deux endroits. Il va malgré tout être possible de mener les deux négociations en même temps grâce à une seule enchère inversée.

L'acheteur va constituer deux lots : un pour chaque site. Les fournisseurs devront soumettre une offre pour chaque lot. Le résultat des deux lots est indépendant : c'est le fournisseur qui propose le prix le plus bas sur un lot qui emporte le marché du site en question. Il peut donc y avoir deux fournisseurs.

Ce type d'enchère, en plus de faire gagner du temps à l'acheteur, présente également des avantages pour les fournisseurs :

- D'une part, un fournisseur peut obtenir les deux lots en même temps en faisant jouer ses rendements d'échelle. La quantité offerte dans les deux lots peut être plus intéressante que si les deux lots avaient fait l'objet de deux appels d'offres et deux négociations séparées.

- D'autre part, un fournisseur qui se pensait performant sur un lot et qui s'avère moins bon qu'un de ses concurrents a la possibilité de se reprendre sur un autre lot. Le fait de mettre aux enchères deux lots en même temps permet aux fournisseurs de voir leur position rapidement et de réagir immédiatement.

Le principal danger des enchères standards est la non-prise en compte de l'aspect qualitatif des produits ou des services. Nous allons le voir, il est possible d'intégrer divers critères qualitatifs dans une enchère.

Les enchères prix/qualité

Les enchères prix/qualité permettent de mener plusieurs négociations en même temps sur différents critères pour un même produit ; c'est-à-dire qu'un critère de qualité est inséré en plus du prix.

Le fournisseur gagnant de l'enchère sera celui qui obtiendra la meilleure note finale. Par exemple, on pourra calculer la note finale du fournisseur à partir des critères suivants :
- le prix offert pour chaque site ;
- le délai de livraison offert pour chaque site ;
- le bonus aux fournisseurs actuels.

À chaque critère peut être associé un poids qui va refléter son importance dans la décision. Par exemple :
- Prix : 60 %.
- Délais de livraison : 25 %.
- Coût du changement : 15 %.

Si, par exemple, trois fournisseurs sont retenus pour l'enchère inversée après la présélection, ils obtiennent chacun une note avant l'enchère (l'élément prix n'est donc pas encore pris en compte) :
- Fournisseur A : 100.
- Fournisseur B : 105.
- Fournisseur C : 110.

Le fournisseur C est le mieux placé, c'est lui qui a le score le plus élevé. Il s'agit du fournisseur actuel.

Au cours de l'enchère, le seul paramètre que les fournisseurs peuvent faire varier est le prix auquel ils vendent leur produit. Dans notre exemple, le fournisseur A devra faire un effort sur le prix supérieur au fournisseur C pour remporter le lot.

L'avantage pour les fournisseurs des enchères inversées prix/qualité est de voir leur qualité (ou dans notre exemple, leur délai) prise en compte. Les fournisseurs qui ont un avantage concurrentiel savent que celui-ci sera pris en compte par l'acheteur.

Les enchères dynamiques

Il a été vu ci-dessus que dans les enchères prix/qualité, les critères qualitatifs sont intégrés mais de manière « statique » ; c'est-à-dire que les critères autres que le prix sont définis avant l'enchère.

Il est possible d'intégrer d'autres critères dynamiques qui évolueront en cours de séance.

Les enchères inversées avec plusieurs paramètres dynamiques sont adaptées aux situations d'achat où la qualité joue un rôle très important.

Exemple

> Pour une prestation d'astreinte avec intervention sur site en cas de panne, on pourra intégrer le prix mais également le délai d'intervention. Dans ce cas précis le cahier des charges définira un niveau de qualité minimal, correspondant ici à un délai maximal d'intervention. Mais l'acheteur qui cherche plus un rapport qualité/prix qu'un prix, veut savoir jusqu'où les fournisseurs peuvent abaisser leur délai d'intervention, et à quel prix. Par exemple, une intervention 6 heures après une panne est plus intéressante qu'une intervention en 24 heures mais l'acheteur devra auparavant avoir évalué quel serait le coût pour son entreprise de devoir attendre 24 heures au lieu de 6 heures.

L'intérêt est ici d'objectiver l'augmentation de qualité qui sera proposée par les fournisseurs de manière à être capable de comparer les offres au cours de l'enchère. Bien sûr, l'issue de l'enchère peut être différente selon la sensibilité de l'acheteur aux différents paramètres dynamiques.

Le déroulement de l'enchère

L'enchère se fait généralement *on line*, c'est-à-dire à travers une interface informatique sur Internet, ce qui permet de consulter des fournisseurs distants et de réduire les frais car il n'y a pas de locaux à louer et à préparer pour l'événement. Aucune réclamation n'est possible puisque l'outil informatique officialise le cahier des charges et conserve un historique précis, lequel permet également une analyse *a posteriori* du comportement des vendeurs.

L'ensemble des fournisseurs retenus lors de l'appel d'offres est alors invité à se connecter *via* Internet sur une interface informatique pendant la durée de l'enchère inversée. Les pages Web sont sécurisées et ne sont accessibles qu'à l'aide de mots de passe spécifiques à l'enchère en cours. Chaque fournisseur s'est vu attribuer son mot de passe unique.

Les enchères sont planifiées plusieurs semaines à l'avance pour éviter les problèmes de planning. Le respect des horaires est bien sûr fondamental.

> Les fournisseurs ont tout intérêt à tester leur configuration en amont de l'enchère et ne pas découvrir l'interface le jour J.

L'administrateur contrôle les différentes actions réalisées pendant toute la durée de l'enchère. Au terme de la session, il a la possibilité d'éditer un historique complet. Il peut communiquer en direct par un système de messagerie avec tous les fournisseurs, ensemble ou séparément, et motiver ainsi au besoin les fournisseurs qui seraient trop frileux. Chaque fournisseur a également la possibilité d'écrire à l'administrateur pour des problèmes informatiques.

Le paramétrage de l'outil est fondamental pour le fonctionnement de l'enchère et son bon déroulement.

Exemple de paramétrage

> L'information donnée aux fournisseurs quant à leur positionnement dans l'enchère peut être de deux types :
> ✔ en visibilité totale, c'est-à-dire que le fournisseur a connaissance des offres effectuées par ses concurrents en tout anonymat ;
> ✔ en classement, c'est-à-dire que le fournisseur est informé qu'il est le premier ou non, ou même de son classement exact (1er, 2e, 3e, etc.).

Selon le paramétrage et le type d'enchère (voir ci-dessus), le déroulement de l'enchère n'est pas tout à fait le même. Le principe reste que les sociétés qui participent aux enchères inversées ne connaissent pas le nom de leurs concurrents, mais seulement le meilleur prix en cours et/ou leur propre position par rapport aux autres participants. À chaque baisse effectuée, les positions des différentes sociétés sont recalculées, l'objectif pour chaque participant étant de terminer premier à la fin pour obtenir la meilleure chance de remporter le lot.

En fait, l'animation de l'enchère inversée n'est qu'une étape dans le processus complet. Il y a un gros travail de préparation pour bien définir les lots et le cahier des charges d'une part, et surtout de sélection des fournisseurs et de mise à niveau de leurs offres d'autre part.

Tous les formats d'enchères vus précédemment sont également applicables. Ainsi, dans l'enchère inversée au format anglais (la plus classique), les différents fournisseurs font des offres descendantes alors que dans l'enchère inversée hollandaise les prix sont incrémentés périodiquement par l'acheteur jusqu'à ce qu'un vendeur accepte le prix.

Tableau 4 – Exemple de paramétrage d'une enchère inversée anglaise

		Paramètres retenus
Type d'enchère		Enchère inversée anglaise
Allotissement	Lot unique	Serveur de fichier et d'applications bureautiques et options Internet
Durée de l'enchère	Début	9 h 30
	Durée	30 minutes
Prolongation	Durée	5 minutes
	Déclenchement	Pour toute offre reçue dans les 5 dernières minutes
	Début de prolongation	Dès la nouvelle offre
	Nombre de prolongations	Illimité
Prix de départ		400 000 € HT
Prix de réserve		NON
Décrément (valeur ou %)	Mini	1 000 € sur le total du lot
	Maxi	50 000 € HT
Affichage fournisseurs	Affichage meilleure offre	OUI
	Affichage du rang	NA
	Affichage du prix de réserve	NA

L'heure de fin pourra être fixée en amont ou alors correspondre à une certaine temporisation depuis la dernière proposition. Par exemple, si aucune société n'a proposé d'enchère depuis cinq minutes, on peut estimer que les fournisseurs ne se manifesteront plus.

S'ils ne sont pas administrateurs, les acheteurs peuvent souvent suivre en direct, *via* une session spectateur sur le site Internet, le déroulement de l'enchère en toute transparence.

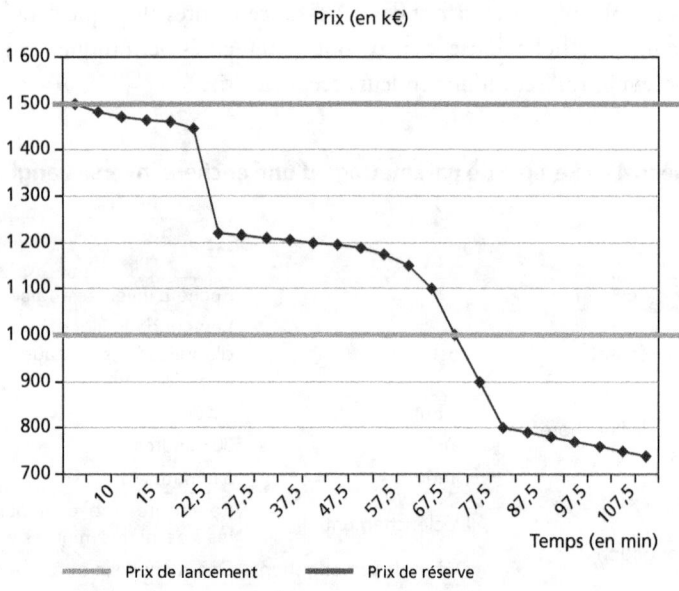

– Le prix de lancement est le prix de départ d'une enchère.
– Le prix de réserve est le prix le plus haut auquel l'acheteur acceptera d'acheter.

Figure 16 – Exemple de courbe d'enchère

Le coût du service

Sauf exception, les entreprises ne disposent pas en interne des outils et des ressources pour mener à bien des enchères inversées. De nombreux prestataires proposent des packages complets de gestion d'enchère, intégrant l'ensemble du processus.

> ### Un système d'enchère plus juste
>
> Une mauvaise publicité a été faite autour de l'enchère inversée en raison de l'usage abusif d'acheteurs qui ne se focalisent que sur le prix et qui voient dans l'enchère un instrument pour des performances rapides portées à leur crédit. Mais aussi parce que certaines enchères ne donnaient pas lieu à l'attribution de marché. Pour pallier cet inconvénient, les directions Achats responsables ont mis en place l'enchère multicritère dynamique qui permet la prise en compte non seulement du prix mais de nombreux autres paramètres quantifiés, au travers d'une formule de « coût total d'acquisition ». Elles doivent s'engager à attribuer un marché à celui qui remporte l'enchère. C'est une version bien plus réaliste et consensuelle de l'enchère qui séduit davantage les fournisseurs.

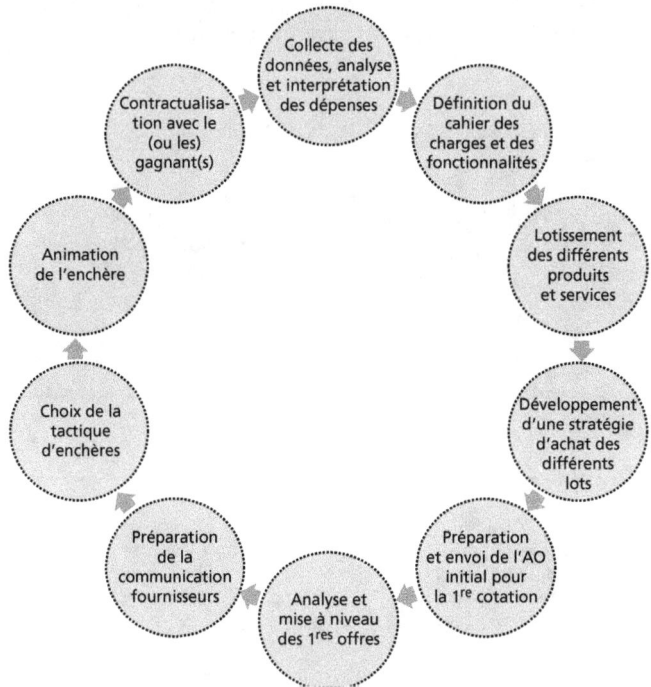

Figure 17 – Processus complet

Une enchère inversée ne s'improvise pas mais est au contraire l'aboutissement d'un processus complet.

Augmenter la marge par la démarche coût complet

■ La démarche coût complet

Dans la démarche coût complet, il faut prendre en compte l'ensemble des coûts d'acquisition :
- prix d'achat, y compris coûts d'outillage et de développement ;
- coûts de la logistique et de stockage jusqu'au bord de la ligne de production ;
- quantité mise en œuvre ;
- coûts de gestion et charges de fonctionnement ;
- coûts d'exploitation ;
- coûts de réversibilité ou de désengagement ou de destruction.

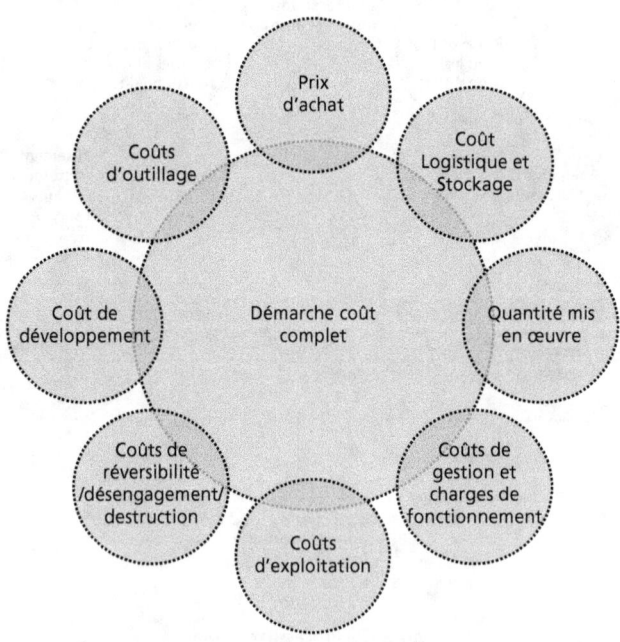

Figure 18 – La démarche coût complet

Cette démarche est surtout intéressante pour comparer deux solutions entre elles.

Il convient d'apprécier des choses comparables, c'est-à-dire deux solutions permettant d'obtenir le même service interne ou encore le même produit final vendu au client.

Prenons par exemple la fabrication de papiers. Comparons un flux tendu d'approvisionnement de latex classique provenant d'une usine à cinquante kilomètres, à un approvisionnement mensuel d'un latex cinq fois plus concentré en provenance de Chine. La solution chinoise prend en compte un stock tampon. Ainsi, le calcul de coût complet se complexifie. Nous ne mentionnons même pas les écarts de valorisation de stock sur un produit dont le prix d'achat fluctue.

Le calcul de coût complet se complique d'autant plus si l'on pousse la démarche en y associant la gestion des risques et autres coûts cachés. Les éléments à prendre en compte et à valoriser :

- les risques de défaillances logistiques ;
- les risques de défaillances qualité ;
- les risques de perte d'exploitation ;
- les risques de pénalité client et de perte d'image ;
- les risques environnementaux ;
- les coûts en cas d'abandon de projet et les coûts en cas de fin de projet anticipée ;
- les besoins en investissements et fonds de roulement.

Bien évidemment, pour tous les calculs financiers, il convient d'actualiser les coûts et la rentabilité en fonction des coûts du capital. Les dépenses d'aujourd'hui pèsent plus que la rentabilité de demain et chaque flux de trésorerie doit être actualisé de l'inflation et du coût du capital, que l'on peut estimer à la rentabilité nette de l'entreprise plus les coûts financiers et administratifs (3 % à 5 %).

Nous comprenons bien que le modèle devient rapidement complexe. Et il est parfois difficile de mener une étude complètement exhaustive. L'important est de ne pas s'engager sur le long terme dans un schéma compliqué avant de l'avoir testé entièrement. Il faut également qu'un acheteur senior et expérimenté sur ces sujets analyse l'ensemble des points différenciants, et y associe un plan de levée des risques avant la décision entre deux solutions. Chaque choix porte en lui une contrepartie et un risque éventuel à identifier et à évaluer. Ce sera toujours une balance entre les coûts en moins ou en plus et les risques potentiels à maîtriser. Lorsque l'on est dans le cadre d'achat hors production, c'est-à-dire que l'on ne revend pas directement au client, il est très important de raisonner en coût complet d'acquisition car si le prix est bas mais la durée de vie du produit courte ou le coût d'exploitation de la solution très élevé alors, à terme, l'achat peut s'avérer coûteux.

Quelques exemples d'achats hors production en coût complet

La politique voitures (ou *Car Policy*)
Pour calculer le coût complet d'acquisition, ou TCO, il faut prendre en compte le prix d'achat du véhicule diminué de ses remises négociées auprès des constructeurs, la consommation de carburant, le bonus/malus, les taxes (la TVS, Taxe sur les Véhicules des Sociétés, payée par l'employeur sur l'avantage en nature des véhicules de fonction, …), le coût de l'entretien et de la maintenance (selon le prix et la fréquence des révisions, dont les pneus), l'assurance, le leasing éventuel de la voiture ou son coût de location ; et intégrer le prix de revente si le cas se présente. Tous les modèles ne se dévalorisent pas de la même façon et la valeur résiduelle varie selon le couple durée-kilométrage. C'est l'ensemble des coûts simulés et consolidés qui permettront de sélectionner les véhicules que l'on veut proposer au sein de la société.

Les systèmes d'éclairage d'un site
Le coût d'une ampoule ou d'un tube fluorescent peut varier du simple au quintuple. Les ampoules peuvent être intéressantes à utiliser si leur durée de vie est plus longue, car elles permettent d'économiser le coût de leur rechange. Le facteur différenciant n'est pas tant la consommation que les coûts d'intervention sur site pour remplacer le système d'éclairage. Il faut prendre en compte ces coûts dans un calcul d'exploitation sur plusieurs années. Si le retour sur investissement (ROI) est relativement rapide, les systèmes dont le prix est plus cher à l'achat pourront être choisis. Le « relamping » en TCO est l'incontournable recherche de produits moins énergivores et plus durables dans le respect des contraintes économiques. Cette notion de ROI est à définir par la direction financière, selon les cas étudiés. Ce retour sur investissement est

plus ou moins long mais est en général les ROI rapides seront privilégiés. Selon les entreprises, ils pourront être inférieurs à 3 ans, voire à 18 mois.

Un site à exploiter

Un constructeur de sites industriels, d'usines de traitements, de sites tertiaires aura tendance à acheter au moins cher dans la limite de la qualité minimale requise sauf s'il en assure l'exploitation après la mise en service, et cela sur une période longue. C'est-à-dire qu'il achètera différemment s'il doit assumer les conséquences des choix des matériaux, des produits utilisés dans la construction et des équipements installés au sein du site pour en assurer l'exploitation. Le ROI doit être calculé en intégrant les coûts d'exploitation du site sur plusieurs années.

Parmi les autres exemples d'achats hors production, il faut citer les imprimantes et les ordinateurs qui font toujours l'objet de débats.

■ Les Achats dans les projets techniques

Dans certaines industries techniques (automobile, ferroviaire, bâtiment, nucléaire…) la mission des Achats est souvent divisée en trois parties :
- la stratégie Achats, en amont ;
- l'engagement de marché ;
- le respect du contrat.

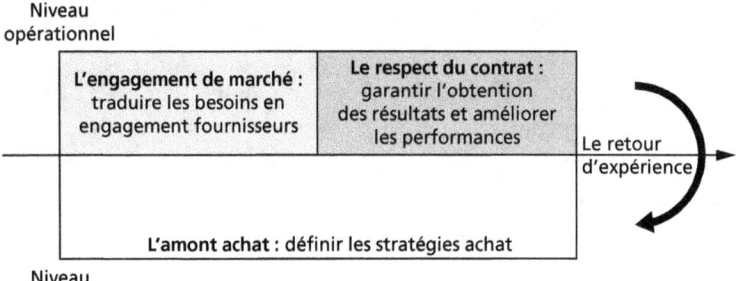

Figure 19 – Les 3 métiers d'achat industriel

Il est parfois décidé de séparer les métiers entre deux types de population :
- les acheteurs « famille » ou « série » sur l'amont et le respect du contrat ;
- les acheteurs « projet » sur l'engagement de marché.

Ainsi, sur un même projet, deux acheteurs interviennent avec un périmètre de responsabilité qui varie. Par exemple, le choix du fournisseur peut être de la responsabilité soit de l'acheteur « famille », soit de l'acheteur « projet » dans un panel défini par l'acheteur « famille ».

À quoi sert alors l'acheteur projet industriel ?

La raison d'être de l'acheteur projet industriel est de garantir :
- que le développement et l'industrialisation respectent l'offre du fournisseur et le cahier des charges (coût, prestation, qualité, délai) ;
- la relation fournisseur pendant le développement.

Sa priorité est la réussite de son projet. La contrainte est bien souvent le planning et la gestion des risques, et en particulier les risques liés aux évolutions du cahier des charges. Par conséquent, il négocie au mieux les aléas du projet en lien avec les changements du cahier des charges, ou avec des éléments non pris en compte lors de la consultation et de la négociation du contrat. L'acheteur projet n'est pas dans la meilleure situation pour négocier.

Sans aller dans le détail d'une fiche de fonction, il faut noter le rôle prépondérant de l'acheteur en phase amont : garantir que les hypothèses techniques prises en compte laissent libre cours à la concurrence, les faire chiffrer aux fournisseurs et inclure dans le contrat un maximum de variantes. Une fois que le fournisseur est choisi, les leviers de négociation sont minces.

La première mission de l'acheteur projet est de comprendre et de s'approprier le dossier qu'on lui transmet, les mécanismes et justificatifs. Ce travail va forcément mettre au grand jour des failles et des zones d'ombre qu'il devra traiter et exploiter.

Un avantage, souvent oublié, dans l'organisation qui comporte des acheteurs projet, réside dans le fait de faire travailler deux acheteurs sur un même sujet, c'est-à-dire deux personnes avec des compétences différentes pour étudier toutes les composantes Achat : prix, investissement, qualité… Si l'enjeu est important, la robustesse du dossier n'en sera que meilleure. Dans le bâtiment, les équipes qui travaillent sur les appels d'offres en chiffrage amont et celles qui réalisent les projets sont, en général, différentes pour cette raison.

Quels objectifs fixer à mon acheteur projet industriel ?

L'acheteur projet a des objectifs qu'il partage avec d'autres fonctions de l'entreprise :

- sur le développement produit, par exemple avec le responsable technique du projet ;
- sur la qualité, par exemple avec le responsable qualité Achats.

Il a aussi des objectifs dont il est souvent le seul garant :

- le respect du prix ou de la marge ;
- le respect du planning ;
- l'industrialisation à la cadence demandée ;
- la préparation à la « vie série » ou « production de masse » ;
- la gestion des risques.

Le projet exigera de son acheteur des améliorations par rapport à la situation initiale au moment du choix du fournisseur, sur les trois classiques du triptyque « coûts/qualité/délais ».

> La responsabilité de l'acheteur projet dans la performance globale est en général difficile à évaluer tant les facteurs externes peuvent l'influer.

■ Les Achats dans les projets commerciaux

Un autre type d'achat concerne les achats de produits et services pour les inclure à un service plus large sans les transformer. Il s'agit là par exemple des sociétés de service qui revendent de la sous-traitance (humaine ou industrielle), des équipements (informatiques), etc., intégrés dans une prestation complète.

Bien souvent, ces achats échappent au contrôle de la direction Achats. Et les vendeurs gèrent directement ces achats, considérant que la valeur ajoutée de l'acheteur est trop faible. C'est une erreur car ces achats représentent des risques et des opportunités qu'il convient de gérer spécifiquement.

Positionner les Achats à proximité des services commerciaux est le facteur clé de succès. En effet, outre la réponse aux besoins techniques, le travail sur le prix d'acquisition et les coûts de fonctionnement, la prise en compte du *business model* est prépondérant.

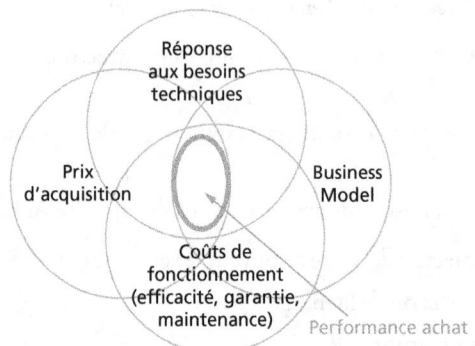

Figure 20 – La vraie valeur ajoutée des Achats dans les projets commerciaux

À quoi sert alors l'acheteur projet commercial ?

La raison d'être de l'acheteur projet est :

- de garantir le fait que les Achats répondent à la demande en termes de coûts, qualité, délais et *business model*, et permettent de faire des offres commerciales « gagnantes » ;
- d'apporter aux projets, *benchmark*, analyse du coût complet d'acquisition, analyse *make or buy*, et la connaissance de ce qu'il se fait de mieux sur le marché ;
- de saisir toutes les opportunités, d'améliorer les ventes et la marge de la société au travers des fournisseurs et des relations avec des partenaires cocontractants.

Il est important de revenir sur différents aspects de cette mission confiée aux Achats :

- *L'acheteur aura pour mission de sécuriser les contrats commerciaux en minimisant les risques et en négociant des clauses* back to back, c'est-à-dire de faire porter à la société le moins de risques possible. L'acheteur va répercuter les conditions signées avec le client au fournisseur pour s'assurer que les pénalités contractuelles, par exemple si elles sont dues au client, pourront être répercutées aux fournisseurs dans le cas où ces derniers seraient responsables des performances. L'acheteur reprendra les mêmes clauses et les mêmes termes que ceux qui auront été négociés dans le contrat commercial. Citons deux exemples en particulier :

– les clauses d'indexation de l'index SYNTEC ;
– les pénalités pour non-respect du planning ou non-atteinte des critères de performance.

La garantie d'un produit au client final est un exemple simple et pourtant elle est mal maîtrisée en général, et peu vérifiée. Êtes-vous sûr de pouvoir garantir cinq ans de fonctionnement sur votre produit vendu alors que ses composants ne sont garantis que trois ans ?

- *L'acheteur va définir le* business model *des contrats d'achats.* Comment allons-nous acheter ? Quelle structure de cash pour mon projet ? Devons-nous acheter ou louer ? Devons-nous payer à la prestation (*pay per use*) ou au temps passé (*time and material*) ?

Autant de sujets clés que l'acheteur doit sécuriser pour la performance de l'opération mais aussi la gestion de la vie courante.

- L'acheteur doit garantir le fait que l'offre de l'entreprise s'appuie sur des offres fournisseurs fermes et valides avec des durées de validité suffisamment longues. Nous avons l'exemple de quelques cas où sitôt le contrat signé, les offres fournisseurs ont augmenté, ceux-ci jouant de leur nouveau pouvoir. Qui vérifiera les dates de validité des offres sinon les Achats ?

- *L'acheteur va gérer les relations avec des fournisseurs partenaires* qui peuvent parfois être également des clients, des cocontractants, voire des compétiteurs. L'aspect commercial est prépondérant et des décisions peuvent être prises avec pour seul argument le chiffre d'affaires généré en vente au détriment de la performance Achats. L'acheteur pourra avoir également à gérer les honoraires de ses fournisseurs dans le cadre de l'apport d'affaires.

L'une des principales difficultés pour avoir des Achats performants sur ces projets est celle des ressources. Il est normal, pour les équipes de vente, de travailler sur des offres qui n'aboutiront jamais. Malheureusement, il n'est pas systématique d'avoir des acheteurs impliqués très en amont à travailler sur des offres qui peut-être n'aboutiront pas. Chaque entreprise doit peser et définir le périmètre d'intervention des Achats.

Quels objectifs fixer à mon acheteur projet commercial ?

L'acheteur projet commercial a des objectifs qu'il partage avec d'autres fonctions de l'entreprise sur la marge du projet et le profil de besoin en trésorerie (cash), et des objectifs dont il est en général le seul garant :

- le respect du prix, du budget de la partie achetée, ou de la marge sur les pièces et services achetés ;
- le respect du planning ;
- la gestion des risques et des surcoûts.

La démarche d'achat en pays à bas coûts

Le sourcing

L'achat ou le sourcing dans les pays à bas coûts également appelé « Leading Competitive Countries » ou « Low Costs Countries » (LCC) peut encore être une source de profit.

Le sourcing, selon Olivier Bruel dans son ouvrage *Management des Achats*[1], est « la démarche de recherche des fournisseurs pouvant le mieux répondre aux besoins de la société acheteuse en termes de coûts, délais, innovation et qualité, par extension, la recherche d'informations sur les marchés fournisseurs préalable à l'acte de consultation ». Il ajoute que « certains acheteurs élargissent la notion de sourcing en y incluant l'homologation des fournisseurs proprement dite ».

Le sourcing est donc l'une des fonctions clés des acheteurs et procède aujourd'hui de méthodes marketing éprouvées appliquées aux Achats. L'une d'entre elles, indispensable, est le Request For Information (RFI).

Le RFI est un questionnaire bâti par l'acheteur (interrogation large du marché), afin de recueillir les informations plus ou moins ciblées, selon ce qui est à étudier, pour les analyser. Il permet d'identifier les fournisseurs aptes à répondre à des Request For Quotation (RFQ) ou des Request For Proposal (RFP), des appels d'offres, des consultations, des demandes de prix ou de solutions.

---

1. *Management des Achats – Décisions stratégiques, structurelles et opérationnelles*, Olivier Bruel et collectif, Économica, 2007.

Ainsi donc, le sourcing vise à connaître le secteur du pays ou continent, le marché des fournisseurs, son environnement commercial, légal, juridique et commercial, mais parfois de façon plus précise les *business models* possibles, les solutions proposées sur un marché et enfin le couple « produit/fournisseur ». C'est sur cette base que l'acheteur va pouvoir travailler à travers les grilles d'analyse multicritères, et les différentes étapes de tests et de négociations pour sélectionner puis référencer le ou les fournisseurs aptes à faire partie de son panel ou à répondre à son besoin.

Si la démarche de sourcing dans les LCC a été initiée pour profiter essentiellement du faible coût de la main-d'œuvre directe (MOD), ce n'est plus uniquement le cas car aujourd'hui les coûts salariaux ont énormément augmenté dans certaines zones (Shanghai par exemple).

L'attrait des pays à bas coûts a augmenté pour d'autres raisons :
- le coût du capital est moins élevé, permettant un excellent équipement en machines modernes ;
- certaines zones sont devenues de véritables pôles de compétences ;
- l'achat dans ces zones participe à l'essor du développement à l'international des sociétés dans des pays en voie de développement.

Aujourd'hui, l'achat dans les pays à bas coûts constitue une vraie manne financière pour la plupart des entreprises. Il représente une source d'économies considérable. Cependant, l'intérêt de l'achat dans les pays à bas coûts est fortement variable selon les secteurs d'activité. Dans le secteur textile, l'industrie des jouets ou l'électroménager, quasiment tous les produits proviennent de ces pays dits « à bas coût », notamment la Chine. À l'inverse, certains produits ou services s'y prêtent moins facilement et ce pour diverses raisons :
- les marques de luxe françaises ne se permettraient pas, par exemple, de délocaliser l'ensemble de leurs productions dans ces pays pour des raisons d'image de marque ;
- les entreprises du secteur automobile français peinent à augmenter fortement d'une année sur l'autre les achats dans les pays à bas coûts du fait de l'impact fort sur la chaîne d'approvisionnement ;

- les industries à faibles volumes et fortes diversités ne le font pas pour des raisons de qualité et de coûts de démarrage trop importants.

Décomposition analytique du coût d'acquisition et autres outils

Pour initier la démarche, il faut commencer par une décomposition analytique du coût d'acquisition et en déduire un objectif de prix local.

Tableau 5 – Exemple de décomposition analytique du coût et construction de l'objectif d'achat local

	Avant		Après
Part matière	15	5 %	15,75
Main-d'œuvre directe	50	− 66 %	17
Main-d'œuvre indirecte	13	− 20 %	10,4
Transport et taxe	4	60 %	6,4
Coûts fixes amortis	4	50 %	6
Frais de structure et marge	14	− 20 %	11,2
	100		66,8

Un des premiers réflexes de l'acheteur est d'identifier la part de la valeur ajoutée en main-d'œuvre directe qui entre dans la composition du coût de revient du produit ou service à acheter. Bien entendu, plus cette valeur ajoutée en MOD est forte, plus le sourcing devient envisageable.

Exemple

> Soit le prix d'une machine à café. Plusieurs opérations d'assemblage sont nécessaires pour fabriquer le produit final. Imaginons maintenant que la part de la MOD dans la fabrication du produit constitue 50 % du coût de revient. Si cette machine à café était fabriquée dans un atelier en Chine où le coût de la main-d'œuvre est *a minima* trois fois moins cher qu'en Europe de l'Ouest, cela signifierait que la main-d'œuvre ne représenterait plus que 25 % du coût de revient. Si le prix de vente reste inchangé et que les coûts logistiques restent à hauteur de 8 % du coût de revient, la marge unitaire de l'entreprise augmenterait de plus de 30 % du coût de revient de la machine à café.

Notons d'une manière théorique comment évoluent les différents facteurs de coûts :

- Transports : c'est en général le poste avec la plus forte augmentation. La hausse dépend du type de produit : certains produits volumineux ou à très faible densité par rapport à la valeur ajoutée ne peuvent voyager, ou alors à des coûts prohibitifs.
- Taxes : cela peut être un poste en hausse alors que les marchés ont tendance à se replier sur eux-mêmes en période de crise.
- Structure et bénéfices : si l'opération doit profiter de coûts de structure plus faibles (cela dépend également du type de structure : purement locale ou appartenant à des Occidentaux), les ratios de profitabilité sont supérieurs à ceux de l'Europe de l'Ouest.
- Main-d'œuvre indirecte : dorénavant, ce poste doit également baisser, les pays à bas coûts disposant désormais de machines les plus récentes et productives.
- Matière : ce poste peut être en très forte augmentation pour certaines matières très élaborées que les producteurs occidentaux veulent « protéger ».
- Coûts fixes amortis : les coûts fixes liés au démarrage intégrant des heures d'ingénierie, parfois avec l'aide de société occidentale, peuvent augmenter.

Outre l'analyse de la décomposition analytique, d'autres outils sont à la disposition des acheteurs afin d'appréhender plus sereinement l'achat de produits et de services dans ces pays. Notamment, ils peuvent se servir d'outils de benchmarking, d'analyses sectorielles ainsi que de matrices de priorisation. Ces dernières permettent la confrontation entre les coûts de main-d'œuvre directe pratiqués dans ces pays et la complexité du produit ou service à acheter. Les acheteurs cibleront ainsi les familles d'achats propices à ce type de pratique. Ensuite, l'acheteur mettra en œuvre les outils de coût complet d'acquisition avec la gestion des risques associés, vu précédemment.

Il faut aussi prendre en compte les besoins en ressources humaines nécessaires à l'entreprise pour mettre en œuvre un tel projet. Les risques des troubles sociaux et ceux de perte d'image liés au phénomène de délocalisation doivent également être intégrés.

Le pour et le contre

La délocalisation d'une production ou d'un achat dans les pays à bas coûts s'envisage sur des moyennes ou grandes séries. Il faut se concentrer en particulier sur les produits standardisés, faisant appel à des technologies stabilisées. Ils permettent une production répétitive sur laquelle la formation des ouvriers locaux est aisée.

Il est illusoire de vouloir tout acheter dans les pays à bas coûts et c'est bien à l'acheteur de faire les analyses. En complément, l'acheteur va analyser la décomposition de coûts, l'utilisation des outils du coût complet d'acquisition. Enfin, il va s'aider d'une matrice SWOT pour présenter les Forces/Faiblesses/Opportunités/Risques. L'ensemble sera présenté pour évaluer la faisabilité du projet.

Le fruit d'une démarche Achats en pays à bas coûts se ressent la plupart du temps sur le plus long terme. Le premier projet, la première coopération, n'est jamais aussi rentable que ce qui a été calculé du fait des risques associés. À cause des coûts de démarrage, la démarche Achats en pays à bas coûts peut rentrer en contradiction avec une logique économique court terme. Sauf pour des cas simples d'achats standards ou hors production, cette démarche ne permet pas de résoudre un problème économique immédiat mais devient rentable à moyen terme.

Un des arguments forts qui milite contre l'achat en pays à bas coûts est la démarche responsabilité sociétale et environnementale (RSE) des entreprises, c'est-à-dire l'obligation des entreprises à prendre en compte les impacts sociaux et environnementaux de leur activité. Délocaliser c'est supprimer les emplois locaux, c'est aussi polluer plus car transporter davantage et plus loin. Ce n'est jamais une démarche innocente et sans conséquences sur l'économie de son propre pays.

Augmenter la marge par une approche stratégique et managériale

■ Les acheteurs *cost killer* : éviter la confusion

À quels types d'achats s'appliquent les opérations de **cost killing** *?*

Un amalgame est souvent fait entre les Achats et le *cost killing*. Le terme « *cost killing* » est souvent mal aimé des acheteurs et des conseils professionnels en Achats car la tentation est grande d'associer les Achats à des

« chasseurs de coûts », or cette préoccupation est bien évidemment loin d'être la seule de la fonction Achats.

De plus, tout dépend de la cartographie des dépenses Achats. Il faut distinguer les achats qui servent au fonctionnement de l'entreprise et les achats de production ou pour revente. Les premiers ne contribuent qu'indirectement à la fabrication du produit vendu au client et lancer sur ces dépenses une démarche de *cost killing* pure et dure peut être justifiée. Sur la seconde catégorie, il ne s'agit pas de *cost killing* mais de création de valeur.

Le *cost killing* est devenu fréquemment utilisé en période de crise. Il s'agit de l'identification et de la mise en œuvre de mesures pour obtenir une baisse drastique des coûts de fonctionnement de l'entreprise.

Le *cost killing* passe par la rationalisation des dépenses et l'amélioration des performances opérationnelles de l'entreprise. Il implique non seulement les Achats mais également tous les services de l'entreprise.

Les Achats doivent être associés de près à la baisse des coûts et à la maîtrise des budgets. En effet, il ne faudrait pas que les économies Achats soient « gaspillées » par les opérationnels dans une surconsommation, ou dépensées pour des besoins autres non budgétés. Les entités fonctionnent avec des budgets qu'il convient de ne pas dépasser mais les économies Achats doivent servir à faire des économies sur les budgets.

Pourtant, les Achats ne doivent pas être les garants des opérations de *cost-killing*. Ils ne sont que les contributeurs de celles-ci. La tentation est pourtant grande et le pas régulièrement franchi par la direction générale de ne pas « embêter » les opérationnels avec ces sujets qui parfois peuvent être perçus comme secondaires car en dehors du cœur de métier des directions. Certaines directions générales peuvent donner comme instructions aux acheteurs de stopper toutes les commandes d'ordinateurs, de plateaux-repas, les achats de billets d'avion et autres dépenses externes, les rendant ainsi responsables de la tenue des budgets.

Un management qui réduirait les Achats à une démarche de *cost killing* sur les achats hors production, induisant un impact négatif dans la conscience des opérationnels (« les acheteurs sont des empêcheurs de travailler correctement »), mettrait en péril l'ensemble de la démarche Achats en générant un impact négatif sur le levier de création de valeur sur les achats destinés à la production.

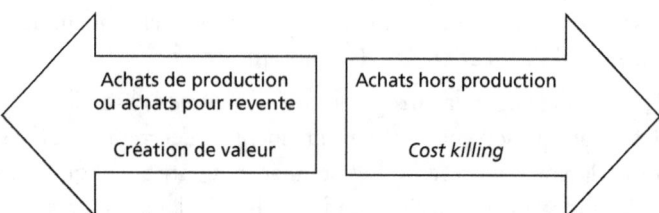

Figure 21 – À quels types d'achats s'appliquent les opérations de *cost killing*

La démarche de cost killing, *pour être efficace*

Dans ces opérations de *cost killing*, chaque direction consommatrice doit participer et se sentir impliquée. La meilleure des solutions est de fixer des objectifs de baisse des coûts par direction, voire service, et de suivre l'avancement des gains obtenus entité par entité. Lorsqu'une entité ne remplit pas son objectif, elle doit s'en expliquer. Si elle le remplit ou le dépasse, c'est bien l'entité opérationnelle qui doit en être félicitée. Les Achats peuvent être en charge du suivi, du reporting, gérer le projet mais en aucun cas en être les responsables.

L'objectif doit également être décliné par catégorie. Cela permet de passer d'une vision budgétaire à une vision analytique. Le but visé n'est pas uniquement de baisser les coûts de façon globale mais également de fixer des objectifs par catégorie de dépenses. Les économies peuvent être maximisées et aller bien au-delà de l'objectif fixé.

Une démarche classique consiste à :
- identifier les familles d'achats principales pouvant être concernées ;
- réaliser sur chacune d'entre elles un état des lieux exhaustif et détaillé ;
- définir la ou les unités d'œuvre permettant de suivre l'évolution des coûts et de la performance opérationnelle. Par exemple, sur la famille « carburants » : le coût d'un kilomètre parcouru par camion de l'entreprise (qui intégrera l'intégralité des coûts liés au camion et non seulement le carburant)/la consommation de carburant au kilomètre parcouru ;
- identifier les leviers d'économies à déployer sur chaque catégorie d'achat ;
- établir un plan d'actions pour chaque levier ainsi qu'un planning ;
- suivre les gains de chaque catégorie.

Augmenter la marge   87

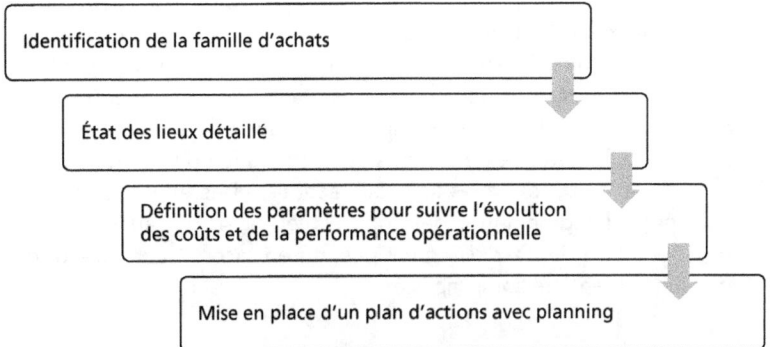

Figure 22 – La démarche de *cost killing*

Il est indispensable également de fixer des objectifs d'économies à atteindre de façon globale puis par centre de coûts. La direction générale reste le garant du bon déroulement de l'opération qui permettra l'atteinte de ces objectifs.

La mesure de la performance

La difficulté des opérations de *cost killing* réside aussi dans la mesure des gains. Les contrôleurs de gestion exigent que ces derniers soient visibles dans les comptes de résultats ou les variances sur budget. Mais les gains Achats ne doivent pas être confondus avec les bénéfices. Et certains facteurs extérieurs interviennent et annulent parfois les baisses des coûts. Les gains sur achats sont masqués.

Exemple

> Si nous considérons le carburant, différentes actions pourront être mises en place pour permettre de consommer moins et de payer moins cher : la renégociation avec les fournisseurs, l'installation de cuves, la mise en place de cartes carburants, le remplacement du parc avec des véhicules qui consomment moins, le bridage de moteurs sur les véhicules utilitaires, la mise en place de formations à la conduite raisonnée (La Poste les a établies avec succès), l'optimisation des interventions

du SAV et des livraisons pour optimiser les kilomètres parcourus, etc. Les consommations au kilomètre vont diminuer. L'économie provient des baisses de kilomètres parcourus, de la consommation et du prix du carburant. Malgré tout, le budget carburant pourra tout de même croître si le prix du carburant – qui suit l'évolution du « Platts » – augmente, ou si la flotte de véhicules s'agrandit du fait d'une croissance de l'activité. Les économies liées aux actions mises en place seront annulées par l'augmentation des prix mais cela ne signifie aucunement que l'opération de *cost killing* n'a pas été efficace. L'économie doit donc bel et bien être comptabilisée.

Ainsi, il faut bien distinguer :
- la performance Achats : économie générée grâce à l'action de l'acheteur ;
- le résultat mesuré selon les unités d'œuvre retenues ;
- le résultat économique ou l'incidence sur les budgets ;
- le compte de résultat.

Un des prérequis permettant d'objectiver les gains Achats est de définir et de faire valider auprès de la direction financière de l'entreprise le mode de calcul des économies. Puis de les communiquer en interne afin que chacun sache de quelle façon les Achats calculent les économies réalisées. En complément et de façon systématique, les calculs doivent être vérifiés et validés par les contrôleurs de gestion qui se portent alors garants du montant des gains.

■ Le processus de développement produit : la conception par coût objectif

Le *design to cost* s'apparente désormais à une notion que les ingénieurs s'approprient de plus en plus. Avec la mondialisation et l'ouverture des marchés favorisant largement la concurrence, le métier de contrôle de gestion a évolué. Il y a une vingtaine d'années, les prix de vente étaient fixés après que les biens aient été produits. Aujourd'hui, nous constatons un effet inverse. À l'heure de la libération des marchés, les entreprises se doivent d'être compétitives et le prix est souvent un argument central de compétitivité. Le prix de vente, excepté quelques cas particuliers de marchés monopolistiques tels que le gaz, est ainsi souvent fixé par le marché. Il faut le calculer avec un coût de revient inférieur au prix de vente afin de conserver une marge positive, tout en étant conforme aux attentes du client final.

L'ensemble de ce processus s'inscrit dans ce que l'on appelle la « conception par coût objectif ». Le rôle économique de la phase de conception est alors fondamental. Les décisions prises durant cette phase ont évidemment un impact significatif sur le coût final du produit.

La conception par coût objectif (CCO)

L'objectif de la CCO est de concevoir un produit ou un service de façon à ce qu'il assure, au moindre coût, et au maximum du coût objectif, la qualité et toutes les fonctions réclamées par le client final, avec toutes les exigences requises.

Dans l'expression du besoin, deux étapes se distinguent :
- la construction du cahier des charges fonctionnel par l'analyse fonctionnelle du besoin, intégrant une analyse de la valeur du produit/service ;
- la construction des spécifications techniques du besoin qui intègre la démarche qualité en conception.

L'analyse de la valeur est essentielle car de cette analyse découleront les objectifs, ce qui permettra de comparer le coût de revient du produit au coût objectif initialement fixé. Les nouvelles technologies et notamment les logiciels intégrés, ouvrent d'inédites perspectives sur l'estimation des coûts dès la phase de conception. Des connaissances de fabrication sont donc remontées en phase de conception. On met ainsi à disposition du concepteur des informations aidant à concevoir un produit « économiquement industrialisable ». Cette analyse de la valeur va fournir une aide importante à la décision de l'acheteur avec l'aide du concepteur.

Comme évoqué précédemment, toute CCO recourt nécessairement à une analyse fonctionnelle du besoin. Il faut absolument faire adopter ce « réflexe fonctionnel » à l'ensemble des acteurs intervenant dans l'expression du besoin, le concepteur ne devant jamais oublier qu'il conçoit pour vendre.

Les acteurs de cette analyse fonctionnelle sont :
- le demandeur, à l'origine de l'expression du besoin ;
- le prescripteur, qui décrit le besoin selon les règles de l'art et transforme le cahier des charges fonctionnel en cahier des charges technique ;
- le décideur, qui valide sur les aspects financiers, le couple produit-prestation proposé par les fournisseurs.

Cette analyse fonctionnelle aboutira à un cahier des charges fonctionnel caractérisé par des **finalités**, c'est-à-dire des fonctions attendues, alors qu'un cahier des charges descriptif, plutôt caractérisé par des **moyens**, impose d'ores et déjà des solutions attendues au besoin exprimé.

Exemple de la CCO à travers la conception d'un pare-chocs

Pour permettre le maintien du pare-chocs sur le véhicule, le cahier des charges fonctionnel mentionnera « solidariser le pare-chocs au châssis du véhicule », alors que le cahier des charges descriptif ou spécifications évoquera « clipser les 4 clips supérieurs du pare-chocs sur les quatre trous inférieurs de la face avant technique ». Cette dernière formule décrit et fournit déjà une solution au besoin.

Cette distinction est d'autant plus importante que le cahier des charges fonctionnel laisse aux fournisseurs consultés davantage de marge de manœuvre à la création et à l'innovation puisqu'ils ont « carte blanche » pour proposer tout type de solutions, pourvu qu'ils obtiennent les résultats escomptés.

Une fois l'enjeu du cahier des charges fonctionnelles cerné, nous sommes à même d'entrer dans la démarche d'analyse fonctionnelle qui consiste, selon l'Afnor, à « rechercher, ordonner, caractériser et/ou valoriser les fonctions puis les hiérarchiser ». D'où le nom de la méthode ROCH.

La première étape consiste à identifier les fonctions principales. Pour le pare-chocs :
- F1 – Absorber le maximum d'énergie lors d'un choc *via* la déformation élastique (réversible) ou plastique (irréversible) du matériau.
- F2 – Protéger le piéton et le véhicule lors d'un choc.
- F3 – Plaire.

- F4 – Solidarisation du pare-chocs au châssis du véhicule.
- F5 – Démontabilité du pare-chocs (dans le cas d'un remplacement éventuel d'une lampe antibrouillard).
- F6 – Changement à moindre coût.

Parallèlement, il faut recenser les contraintes associées :
- les normes liées à la sécurité au choc piéton ;
- les contraintes dimensionnelles liées à l'architecture de l'environnement autour du pare-chocs ;
- le style imposé par la marque du véhicule ;
- les contraintes réglementaires (REACH1...) ;
- les contraintes de production.

Ces fonctions doivent ensuite être ordonnées pour éviter d'obtenir des fonctions connexes : par exemple les fonctions F1 et F2 peuvent constituer deux sous-fonctions de la fonction globale « résistance au choc ».

Chaque fonction doit maintenant être caractérisée. Cette étape permet à la fois de traduire le cahier des charges fonctionnel en cahier des charges technique contenant des critères d'appréciation pour évaluer les solutions proposées par les fournisseurs. L'acheteur pourra ainsi juger si chaque fonction est remplie et si chaque contrainte est respectée. Citons comme exemple la fonction F4 de maintien du pare-chocs sur le véhicule. Cette fonction pourrait être caractérisée par l'effort horizontal et vertical minimal appliqué au pare-chocs permettant son maintien.

La hiérarchisation des fonctions constitue la dernière étape qui servira de tremplin vers l'analyse de la valeur. La raison en est que l'ensemble des attentes de l'utilisateur n'a pas le même impact à ses yeux. Il faut ainsi classer les fonctions pour quantifier le degré d'importance censé être accordé par l'utilisateur *via* une note d'utilité (souvent en pourcentage).

Maintenant que le cahier des charges fonctionnel est constitué, nous pouvons passer à l'analyse de la valeur définie suivant l'Afnor comme « une méthode de compétitivité organisée et créative visant à la satisfaction

---

1. *Registration, Evaluation, Authorisation and Restriction of Chemicals* (REACH) rationalise et améliore l'ancien cadre réglementaire de l'Union européenne (UE) sur les produits chimiques.

complète du besoin de l'utilisateur d'un produit, procédé ou service ». La valeur résultante correspond, pour un consommateur lambda, au rapport qualité/prix, ou, pour les professionnels, au rapport niveau de satisfaction/ressources nécessaires. Étant donné que le produit répond à plusieurs fonctions, on peut ainsi décliner cette définition à la fonction. La valeur d'une fonction serait alors le rapport entre l'utilité ou l'importance relative de la fonction pour l'utilisateur et les coûts nécessaires pour obtenir la fonction.

Reprenons l'exemple du pare-chocs. À supposer qu'un fournisseur consulté ait chiffré un pare-chocs comprenant quatre composants C1, C3, C4 et C5. En faisant l'hypothèse que chacun des composants ne serve qu'une seule fois, la hiérarchisation, en affectant des pourcentages liés au degré d'importance, donne alors l'analyse simplifiée suivante :

Fonction	Utilité	Composants	Coût
F1 & F2	40 %	C1	250 €
F3	25 %	C3	400 €
F4	30 %	C4	280 €
F5	5 %	C5	70 €
Total	100 %		1 000 €

Elle est à comparer avec la valeur de chaque fonction :

Fonction	Valeur
F1 & F2	0,16
F3	0,06
F4	0,11
F5	0,07

On peut constater que la fonction F3 « plaire » a une valeur très faible comparée aux autres fonctions et à son fort degré d'utilité : 25 %. Le rôle de l'acheteur est donc de retrouver l'équilibre afin de tendre vers une valeur uniforme pour toutes les fonctions, tant vis-à-vis des fournisseurs qu'en interne. En pratique, pour améliorer la valeur de la fonction F3, l'acheteur peut agir sur les coûts en négociant une baisse de prix ou en demandant une autre solution technique.

Ayant terminé l'analyse fonctionnelle et l'analyse de la valeur, nous aboutissons à la CCO définie selon l'Afnor, comme « méthode de management de projet qui permet de gérer celui-ci dès son début afin d'obtenir les performances définies en respectant des objectifs préétablis de coût et de délai ».

La CCO garde le même référentiel que l'analyse de la valeur, c'est-à-dire la satisfaction de l'utilisateur final. La différence est qu'au lieu de constater le coût proposé (1 000 € pour le pare-chocs), on le place comme une donnée économique d'entrée à la conception.

Pour revenir à notre exemple du pare-chocs, si les experts de l'entreprise réussissent à établir un coût objectif à 800 €, les fournisseurs consultés devront désormais proposer des solutions valorisant l'utilité de chaque fonction par rapport à l'objectif de 800 € au lieu de 1 000 €.

> La conception par coût objectif représente un grand intérêt pour les entreprises dans la mesure où elles peuvent maîtriser leurs coûts, manager rationnellement des compromis, sans pour autant nuire à l'objectif premier de leurs produits ou services : la satisfaction de l'utilisateur final.

Le management de la *cost base* : mise sous contrainte de la performance des achats hors production

Nous venons de voir comment l'entreprise gère ses achats de production pour dégager des profits. Comment travailler de la même façon les achats hors production ?

En dehors de l'opération qui consiste à faire un budget, empiler les coûts « en priant pour que cela passe », et hors des opérations ponctuelles de *cost killing* vues précédemment, comment manager intelligemment ses achats hors production ? Un exemple est le meilleur moyen pour expliquer le concept.

Dans votre entreprise, chaque collaborateur a dans son bureau son imprimante individuelle, parfois couleur, en plus des copieurs et fax présents dans chaque service. La location, la maintenance, les coûts des cartouches d'encre et du papier représentent 2 M€. Comment agir sur ces coûts ? Il faut revoir l'ensemble du processus d'« impression », et mesurer à la fois les bénéfices du remplacement des imprimantes individuelles par quelques imprimantes collectives multifonctions et les bénéfices du changement des autres paramètres.

Les paramètres du projet sont en priorité :

- le nombre d'imprimantes individuelles résiduelles – qui doit être extrêmement faible – le nombre d'imprimantes multifonctions connectées installées – pas trop mais pas trop peu pour que le projet ne soit pas rejeté ;
- l'intégration des coûts des consommables (Toner par exemple) dans le coût global de la maintenance ;
- la mise en place sur les machines de fonctions telles que scan, fax et papeterie numérique ;

Les paramètres comprennent également les différentes options d'impression avec, par défaut et en priorité, l'impression en noir et blanc et en recto verso, ainsi que la sortie des impressions sur présentation d'un code ou d'un badge contact sur la machine et la suppression de la file d'attente des impressions non sorties au bout de vingt-quatre heures par exemple.

À ces paramètres liés aux machines, leurs fonctions et impressions, se rajoutent les paramètres liés au contrat comme la durée du contrat de leasing ou de location des imprimantes multifonctions.

C'est l'intégralité des coûts du process après le changement, y compris le coût du papier, qu'il faut comparer à l'intégralité des coûts d'avant le changement. Le gain doit être calculé en TCO. Votre projet est paramétrable entre un minimum et l'état actuel, l'écart provenant du niveau de service, de l'innovation de la solution, de la compétitivité du prestataire.

Une entreprise de service où les imprimantes individuelles étaient légion a ainsi, en 2009, réduit le coût de la fonction de 2 M€ à 800 K€. Le même projet mené en 2013 pourrait donner des résultats tout aussi intéressants. En effet, les leviers sont les mêmes et les réductions des coûts tout aussi importantes.

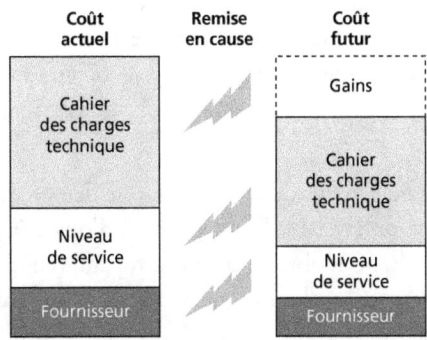

Figure 23 – Réduction des coûts en achats hors production

Là réside le grand intérêt des achats hors production où, mieux que nulle part ailleurs, l'acheteur peut créer de la valeur en apportant des benchmarks, en proposant des solutions innovantes pour remettre en cause le cahier des charges technique.

Aujourd'hui, le métier d'acheteur hors production – longtemps peu valorisé à tort – devient incontournable pour les entreprises. Une majorité de grandes entreprises met en place des professionnels d'achats hors production ; même l'État français s'y est mis. Nous pouvons citer les administrations, les groupements d'hôpitaux, les banques, la grande distribution où les grandes enseignes ont, depuis quelques années, commencé la structuration d'équipes dédiées à ces achats « non marchands ».

Ainsi, en fonction des objectifs plus ou moins ambitieux que la direction se fixe, vous pouvez réduire drastiquement les coûts « non productifs de la société » également appelés la « *cost base* ». Cela va se traduire par des baisses de coûts et donc des performances visibles sur le budget.

L'enjeu pour les entreprises est de mesurer mais surtout de savoir « garder » ces économies. En effet, en production où les achats entrent dans les coûts de revient d'un produit ou service qui sera revendu, les baisses de coûts génèrent de la marge complémentaire ou permettent de baisser le prix de vente pour plus de compétitivité. Les Achats hors production ou indirects doivent de même contribuer à l'augmentation de la marge de l'entreprise, mais à condition que les économies générées ne soient pas dépensées immédiatement par un effet de surconsommation : « Mes impressions me coûtent moins cher, je vais pouvoir en profiter pour dépenser plus de budget voyages ou revoir ma politique de renouvellement des smartphones. »

Concernant le management de la *cost base*, une démarche *top down* pour fixer l'objectif est préconisée. Elle légitimera l'objectif en fonction du besoin de l'entreprise. Cet objectif peut être formulé en ratio de la dépense Achats hors production sur le chiffre d'affaires. Et d'une année sur l'autre, le ratio doit baisser.

Pouvoir crédibiliser votre objectif par des ratios de benchmarks est un plus : écart entre le ratio « achats sur ventes » de plusieurs usines à produit comparable, ratio de dépense par unité d'œuvre sur une fonction (dépense de nettoyage par m² par an, coût de fonctionnement par m² d'usine ou de bureau, m² par personne). Cette analyse peut être difficile car il faut être sûr de comparer des choses comparables, mais elle est réalisable au sein d'une même entreprise et d'une même typologie de dépenses. On peut ainsi comparer des coûts au m² mais sur des locaux de même nature : locaux destinés au secteur tertiaire par exemple, de taille et d'usage comparables. En revanche, une agence bancaire de 200 m² en province ne sera pas comparable à un immeuble de bureau de 10 000 m² en région parisienne. Des sociétés de conseil généralistes ou spécialisés dans le *facility management* peuvent aider à la démarche.

L'objectif fixé doit être ambitieux afin que la transformation soit importante. Les spécifications et le choix des fournisseurs doivent suivre la même logique que celle de la CCO évoquée précédemment. Pour reprendre l'exemple cité, nous avions établi que le coût des impressions dans l'entreprise ne devait pas excéder 800 K€. Cette décision a été structurante pour le nombre d'imprimantes individuelles laissées dans les bureaux et le choix de la durée du contrat : cinq ans au lieu de trois ans.

Il y a deux conditions pour parvenir à mettre sous contrainte sa dépense :
- motiver les acheteurs et les utilisateurs sur le coût de la fonction à atteindre ;

- mettre en place un *reporting* fiable, régulier et fréquent permettant de reboucler la dépense par rapport au budget en fonction des économies mais également d'identifier les entités, directions, unités qui n'atteignent pas les objectifs et de pouvoir réagir vite en mettant en œuvre des actions correctives.

Notons que cette méthode est particulièrement efficace en cas de globalisation des achats. La globalisation des achats (par fournisseur, par famille d'achat) est le premier levier de toute démarche Achats mais il faut mettre en valeur ses bénéfices.

Exemple

> Un groupe a ainsi réussi la globalisation de ses achats hors production pour ses 22 sites. L'objectif était une globalisation de 50 % des achats en 2 ans, avec une économie de 12 %. Les objectifs étaient déclinés par famille Achats et un planning défini.
> Outre l'avancement par projet, le groupe suivait mensuellement :
> ✔ le niveau de globalisation ;
> ✔ les économies Achats ;
> ✔ les dépenses par rapport au budget.

Le coût de tous ces acheteurs : rentabilité

Le sujet est récurrent à chaque budget : les entreprises ayant de plus en plus d'acheteurs, il est normal que les managers s'interrogent sur le coût de la fonction Achats. Le sujet semble toujours passionné lorsqu'il s'agit des Achats, alors qu'il l'est moins pour les budgets des Ressources humaines ou de la RD.

Deux éléments principaux sont, en général, à présenter en budget :
- un budget de fonctionnement du service (salaires, voyages, réception et coûts de conseil...) à mettre en regard des économies prévues et du budget ;
- et pour les entreprises de production : un coefficient d'approvisionnement, qui est un pourcentage ajouté – en comptabilité analytique – à chaque pièce achetée pour lui donner un coût à son entrée sur la ligne de production. Ce coefficient est primordial pour la valorisation du produit

final. Il comporte les coûts d'approvisionnement, de contrôle d'entrée, de stockage, de non-qualité et tout ou partie des coûts de fonctionnement des services Achats et Approvisionnement.

Il convient de bien séparer les coûts entre la partie stratégique Achats et la partie Approvisionnement. Un approvisionneur ne génère pas d'économie faciale mais il peut générer des économies importantes sur la gestion de son stock et les volumes commandés.

Le manager a tendance, en période difficile, à diminuer ses coûts sur la partie stratégique, en amont, imaginant pouvoir s'en passer sur le court terme. Pour simplifier, « il faut serrer les coûts cette année, coupons les budgets sur ces ressources qui ont un impact à moyen terme ». Une autre vision simplificatrice est de calculer la performance d'une organisation Achats par rapport aux gains récurrents qu'elle apporte.

■ Quelques exemples de ratios

Les chiffres ci-dessous ne sont que des estimations tant la réalité d'une mission par rapport au libellé de la fonction peut varier. Pour autant, il convient d'avoir quelques références.

- Le ratio du coût de la fonction Achats « stratégiques » sur le chiffre d'affaires, dans l'industrie, est d'environ de 0,25 % à 0,5 % du chiffre d'affaires.
- Le coefficient d'approvisionnement se situe entre 8 % et 15 %, mais il dépend de la valeur moyenne de chaque commande, de la maturité et de l'efficacité de l'approvisionnement et des contrôles qualité d'entrée.
- Il est couramment demandé à un acheteur de générer dix fois plus d'économie qu'il ne coûte. Le montant du portefeuille géré par un acheteur est très différent selon la taille de l'entreprise, son secteur économique et donc la typologie de ses achats, mais également selon la maturité de l'organisation. L'acheteur « global » a pour vocation de gérer les contrats cadres et les achats globalisés, donc des masses plus lourdes que les acheteurs locaux ou projets qui traitent des achats aux montants plus modestes mais au rôle non moins primordial pour l'efficacité de l'entreprise.

Tableau 6 – Montant estimatif des portefeuilles gérés par les acheteurs

Acheteur d'une direction Achats banque	40 M€
Acheteur commodité, constructeur automobile grande série	> 100 M€
Acheteur commodité, industrie de process, moyenne série	50 M€
Acheteur hors production, renouvellement de contrat, achat globalisé	> 10 M€
Acheteur hors production, mise en place de contrats globaux	2/4 M€

■ Quelques écueils à éviter

Mesure de la performance Achats

La démarche à coûts objectifs est vertueuse également pour le calcul de la performance Achats. Elle ne se calcule pas en fonction du coût de la solution retenue par rapport au coût de la première offre technique recevable, mais par rapport à un objectif fixé. Charge à l'acheteur qui mène de front plusieurs consultations et qui a des objectifs à atteindre sur un ensemble de choix, de répartir sa performance et de pouvoir compenser une sous-performance sur un dossier rapidement traité par une bonne performance sur un dossier plus long.

> La performance d'une organisation Achats est la performance économique de ses Achats. La mesure de la performance Achats est donc clé.

Parmi les difficultés rencontrées pour mesurer la performance, il faut citer :

La mesure du cost avoidance : ce que l'entreprise aurait payé si l'acheteur n'avait pas été là

Il est indéniable que l'acheteur a un rôle et que l'on ne peut le remplacer par un système qui émet des commandes automatiquement. Mais cette mesure qui prend en général pour référence les prix présents à la première offre recevable techniquement, ne peut pas être systématisée. Le fournisseur peut remettre des offres hors marché ou l'acheteur peut facilement biaiser le système. Néanmoins, il est évident que si l'acheteur n'était pas intervenu et que seul le premier prix remis avait été retenu, alors l'économie n'aurait pas été constatée.

Le calcul de l'impact P&L réel dans le compte de résultat au mois par mois

La mesure de l'impact « P&L » (Profit and Loss ou pertes et profits) réel de chaque action Achats, quand bien même le système de comptabilité permet une décomposition analytique fine est périlleuse. Les sujets de variance sont nombreux : à commencer par les volumes, le timing, les évolutions techniques, etc.

Pour les achats hors production, cette mesure nécessite la construction d'« usines à gaz » non vérifiables. Pour la partie achats de production, elle n'est applicable que sur des process simples et de la grande série. Cette difficulté n'empêche pas de calculer des variances de prix, d'index à Iso référence, mais sans faire le lien à chaque action avec le compte de résultat.

La mesure de la performance par rapport à des index marché

Le calcul de l'évolution des prix d'achat par rapport aux index marché est précieux non seulement pour garantir que nos acheteurs sont bien au fait de la réalité des marchés, mais aussi pour voir les tendances (le timing est souvent différent) sur le long terme. Pour autant, en déduire une mesure de la performance n'est pas souhaitable car les indices marché sont limités dans l'espace et parfois biaisés par des lobbies (il faut toujours se demander comment ils sont construits : est-ce sur la base d'interrogations orales des grands protagonistes ?).

Néanmoins, pour mesurer la performance, on peut appliquer deux fondamentaux :

- Pour des achats récurrents du type contrats cadres avec prix négociés : comparer le nouveau prix au prix précédent, réaliser une projection sur la volumétrie à venir, puis, en fin d'exercice, recalculer l'économie pour la fiabiliser sur la base de la vraie volumétrie constatée. Cette performance est bien budgétaire et permet de calculer un gain comptable.
- Pour les achats unitaires sans référence sur la période précédente, s'agissant souvent d'achats de type projet, l'entreprise peut mesurer le gain en comparant les coûts constatés après négociation et travail de l'acheteur au coût budgété. Il s'agit là encore d'un gain comptable. Le danger est que le budget peut avoir été très mal évalué. Des parties auront pu ne pas être chiffrées avant la phase étude, et lors des négociations le budget peut se révéler supérieur au budget initial alors même que les Achats auront négocié et obtenu de belles performances.

Qui calcule les performances Achats ?

Qu'elles soient comptables ou non, les performances doivent être calculées de façon systématique par l'acheteur, mais fiabilisées par le regard neutre d'un contrôleur de gestion.

Le calcul des performances par les acheteurs objective le travail de ces derniers. L'entreprise ne doit néanmoins pas transformer le travail de l'acheteur en un travail administratif de justification permanente. Pour éviter cet écueil, après explication de son calcul, l'acheteur doit pouvoir passer le flambeau à un contrôleur de gestion qui vérifie les hypothèses, les opérations, les indicateurs et les budgets, et recalcule les vraies économies à l'issue des périodes prévues : de façon annuelle, par exemple, pour les contrats de longue durée ou en fin de projet. Ce processus est le seul qui garantit des données fiables et des performances certifiées.

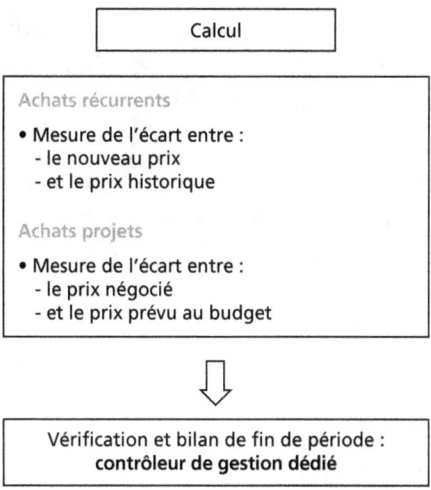

Figure 24 – Mesure de la performance Achats

C'est également ce regard neutre qui permet, dans le cas de projets, de vérifier que les performances Achats ne sont pas réinjectées pour masquer les dérapages liés à la vie du projet tels que les mauvaises estimations budgétaires ou les dépassements liées aux retards dans les plannings.

Les Achats en développement

La façon d'intégrer les coûts de la fonction Achats spécifiquement en développement, est structurante pour l'entreprise.

Au plus simple, cette notion n'est pas prise en compte. Il n'y a pas de différence. Ce coût est reporté intégralement dans le coefficient d'approvisionnement. Si bien qu'une usine en perte de chiffre d'affaires mais en croissance de commandes, peut être tentée de réduire son nombre d'acheteurs pour ne pas augmenter son coefficient d'approvisionnement, avec des conséquences pouvant être dramatiques pour le futur.

L'excès inverse est de vouloir découper le temps des acheteurs en leur demandant de « pointer » leurs heures sur différents comptes d'affaires. Cette gestion génère de nombreuses discussions, et des échanges sans fin et sans valeur ajoutée. Les acheteurs ne se concentrent pas sur les dossiers les plus porteurs mais sur ceux pour lesquels le chef de projet aura des ressources.

Une autre dérive peut consister en une intervention tardive des acheteurs, donc en retard par rapport au démarrage de l'affaire alors que leur performance se situe en amont ; cela parce qu'il a fallu attendre que la mise à disposition de ressources soit budgétée et validée.

En conclusion, il convient de distinguer les coûts Achats projet à associer aux budgets projets des coûts Achats série, mais sans découper les ressources plus finement qu'en moitié ou quart d'équivalent temps plein.

Les autres fonctions Achats

La fonction Achats a souvent d'autres missions : la qualité, l'analyse de la performance, l'administration des achats/l'ordonnancement, la passation des commandes « hors production », la rédaction et la gestion des contrats, la gestion des parcs (téléphones et voitures), la gestion des voyages, etc. Ce sont autant de tâches très consommatrices de ressources à prendre en compte dans l'analyse du coût de la fonction Achats, sans pour autant les confondre dans les effectifs Achats.

Le plus efficient est de les comptabiliser dans les effectifs supports aux Achats, ce qui évite la guerre interne entre ceux qui sont considérés comme « productifs » – générant des économies – et les autres !

La balance des pouvoirs dite la « balance de Sazilly »

Pour résumer ce chapitre, nous avons représenté ici l'ensemble des pouvoirs de l'acheteur, c'est-à-dire les moyens, outils et compétences dont il doit avoir la liberté de disposer pour être le plus efficace possible et augmenter ainsi la marge.

Figure 25 – Les cinq pouvoirs de l'acheteur

Le premier pouvoir de l'acheteur commence par la connaissance de son marché mondial : les acteurs, leurs forces et leurs faiblesses. Cette connaissance est en particulier acquise grâce à chaque mise en concurrence et établissement des stratégies d'achats. (Cf. chapitre 1 les § « Maîtriser ses fournisseurs : stratégie de panel » et « Quelques classiques de la stratégie Achats ».)

Le deuxième pouvoir de l'acheteur réside dans le choix fournisseurs et ses conséquences. L'acheteur ayant choisi son prestataire, il a le pouvoir pour négocier au mieux de ses intérêts le contrat, les clauses de performance et de niveau de service. Pour renforcer son pouvoir, il devra avoir la maîtrise de tous les choix fournisseurs faits par la société (d'où la globalisation des achats) et la connaissance sur les volumes à venir. (Cf. dans ce chapitre les § « Augmenter la marge par effet prix » et « Le coût de tous ces acheteurs : rentabilité ».)

Le troisième pouvoir de l'acheteur regroupe tout ce qui constitue les prix de vente. L'acheteur doit maîtriser, aussi bien que son fournisseur, les impacts externes (taux de change, énergie, matière première), et connaître leur incidence exacte dans le prix. L'acheteur pourra reconstituer (il existe différents outils sur le marché pour accompagner des audits chez les fournisseurs) les coûts de production et les prix de vente du vendeur. Ainsi l'acheteur, grâce à différents benchmarks, pourra-t-il connaître les axes de progrès sur les prix de ses pièces achetés mieux que ses fournisseurs. (Cf. dans ce chapitre le § « Augmenter la marge par la démarche coût complet ».)

Le quatrième pouvoir réside dans la mise en place d'une stratégie Technique et Achats. La définition technique, les exigences de standardisation, l'innovation ont à prendre en compte le fait que les produits seront achetés et doivent permettre à la société d'être rentable.

Le cinquième pouvoir de l'acheteur est le management des achats collaboratifs. (Cf. chapitre 5 « Développer la croissance. ») C'est-à-dire comment la relation avec le fournisseur non seulement est rentable pour la société mais crée de la valeur pour les deux sociétés à long terme.

En regard de ces cinq pouvoirs de l'acheteur sont les pouvoirs du vendeur. Nous retrouvons les mêmes grands thèmes :

Figure 26 – Les cinq pouvoirs du vendeur

Si la partie contractuelle est normalement en faveur de l'acheteur, une fois le contrat signé, en général, les modifications sont génératrices de marge pour le vendeur. C'est ce que nous avons noté en (6).

Sur la partie technique, la suprématie produit ou celle de certaines marques (7) imposées aux acheteurs par la technique ou le client est un levier fort pour le vendeur.

Bien évidemment, l'acheteur et son management auront comme première tâche de s'assurer que la balance des pouvoirs est en faveur de l'acheteur grâce à la connaissance, les compétences, les règles de fonctionnement et la définition des stratégies Achats et Techniques.

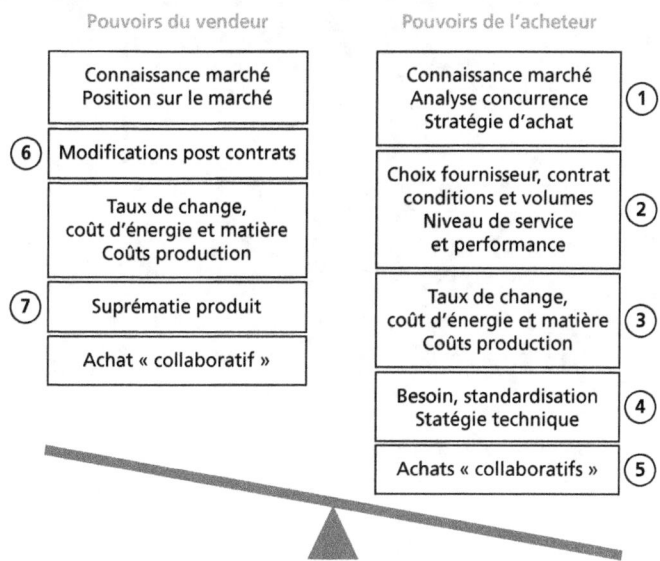

Figure 27 – La balance des pouvoirs

Conclusion

Nous avons vu qu'il y a différentes approches pour augmenter la marge de l'entreprise. Nous pensons que la clé réside dans la « mise sous contrainte de l'augmentation de la marge » des processus de développement et d'achats.

L'entreprise doit garantir que le processus Achats et les acheteurs – sans être limités à des opérations de *cost killing* – adaptent leur stratégie d'achat et chaque consultation en fonction de leur impact sur le compte de résultat.

La mesure de la performance et le coût de la fonction Achats seront toujours des sujets à polémique. Ils le seront moins s'ils sont contrôlés par la Finance, les Achats ne pouvant être juge et partie.

Enfin, la mesure doit être régulière et périodique, par trimestre ou semestre, pour garantir l'adaptation des démarches aux besoins de l'entreprise.

Chapitre 3

Manager les risques

Les fournisseurs sont contributeurs du succès d'une société, mais ils peuvent aussi la mener à sa perte. Le risque est d'autant plus grand que la part des achats dans le chiffre d'affaires de la société est grande, bien qu'en matière de risque la défaillance d'une vis qui coûte quelques centimes d'euro peut bloquer la fabrication d'un avion de plusieurs millions. La gestion des fournisseurs implique de manager les risques associés qu'ils soient de nature financière, opérationnelle ou juridique. Récemment, deux natures de risque se sont ajoutées : les risques d'image et ceux liés à l'augmentation des achats en pays à bas coûts.

La matrice des risques

Toute opération et toute décision comportent leur part de risque. Le risque ne peut être complètement supprimé, l'entreprise doit le contrôler. Souvent, une opération est d'autant plus bénéfique qu'elle est risquée : faire entrer un nouveau fournisseur au panel qui cassera les prix marché par exemple.

La matrice des risques est un outil de management des risques et surtout un outil d'aide à la décision. Elle doit représenter les risques d'une entreprise, de projets, d'activités, de prestations, de produits ou de processus. La position du risque sur la matrice définit le niveau de criticité : réduit, moyen, élevé, inacceptable.

Le management des risques se décline en plusieurs étapes incontournables qui sont :

- Étape 1 : identification des risques possibles pour chacune des grandes activités de l'entreprise. La cartographie des risques aux Achats doit se faire par catégories d'achats, par projets et par processus.
- Étape 2 : évaluation du niveau de gravité de chacun des risques identifiés. Cette étape passe par l'évaluation de chaque risque. La gravité la plus forte

se verra attribuer la note la plus élevée et la gravité la plus faible se verra attribuer la note la plus faible. L'évaluation de la gravité de chaque risque est un premier pas vers la priorisation des risques, mais elle ne suffit pas.

- Étape 3 : évaluation des fréquences possibles de chacun des risques. Certains risques peuvent se présenter souvent (un retard de livraison par exemple) mais s'il concerne des produits non stratégiques et non « cœur de métier », l'acheteur devra-t-il à tout prix travailler à les réduire ? D'autres risques peuvent se présenter très rarement mais avoir des conséquences graves (un accident). La fréquence à elle seule ne suffit pas à prioriser les risques. De même que pour la gravité, l'acheteur attribue une note selon la fréquence possible de chacun des risques identifiés. La note est d'autant plus élevée que la probabilité de survenance est forte.

- Étape 4 : priorisation des risques. Les risques sont priorisés selon leur criticité. La criticité est le produit de la gravité et de la fréquence. La criticité est d'autant plus forte que le résultat est élevé.

La matrice des risques permet de visualiser les risques les plus critiques, donc ceux qui doivent être traités de façon prioritaire.

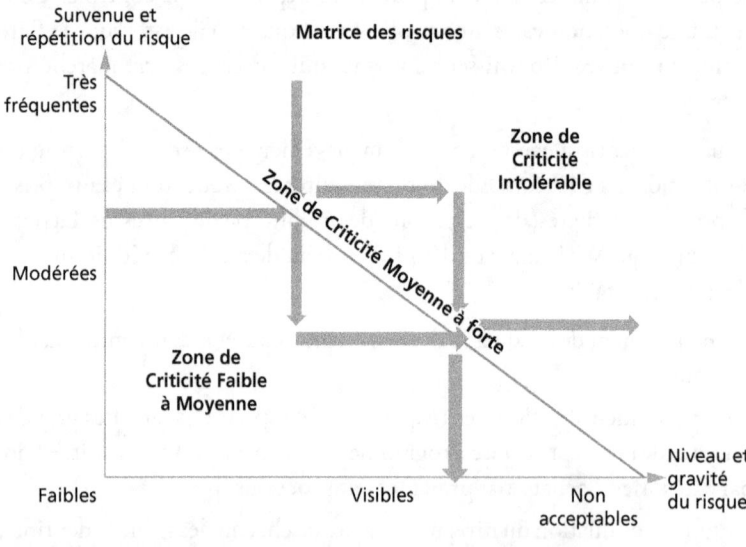

Figure 28 – Classification des risques dans la matrice

L'objectif des acheteurs est dans la mesure des moyens que l'entreprise va mettre à sa disposition :
- d'éliminer les risques à forte criticité ;
- de diminuer au maximum le nombre de risques de criticité forte et moyenne ;
- et de surveiller les risques de criticité faible afin qu'ils n'évoluent pas vers une criticité moyenne.

Notre réflexion porte sur l'analyse des risques et les mesures préventives possibles. Les risques acceptables pour une entreprise industrielle de production cotée ne seront pas les mêmes que pour une petite entreprise de services :
- la première sera préoccupée par la qualité, la sécurité, le respect des délais des approvisionnements, le coût des matières premières ou des composants ;
- la seconde sera vigilante sur le risque de fuite de compétences, les risques juridiques, le délit de marchandage ou la propriété intellectuelle.

Dans certains secteurs industriels (nucléaire) ou dans la banque, certains risques ne sont pas permis ; par exemple, les plans de continuité d'activité (PCA) sont obligatoires pour garantir la pérennité de l'activité.

> Plus le niveau de gravité du risque est important pour une entreprise, plus le niveau de maîtrise de ce risque devra être important. Et moins la maîtrise du risque grave est élevée au sein d'une entreprise, plus les actions à prendre en compte et à mettre en œuvre pour l'augmenter seront urgentes et fortes.

L'acheteur doit d'abord évaluer les risques puis les maîtriser. Les plans de prévention sont un des moyens de circonscrire les risques. Pour diminuer la criticité des risques, les acheteurs peuvent baisser la gravité des risques et leur fréquence. Ils doivent identifier les actions nécessaires à la meilleure maîtrise possible de ces risques afin d'atteindre le niveau de maîtrise défini. Il y a les actions très en amont du risque : les actions de prévention, les actions de dépannage lorsque la défaillance a eu lieu... Ainsi, pour sécuriser un flux de pièces qui viendrait d'une contrée lointaine, chaque acheteur devrait homologuer un fournisseur situé à proximité qui sera livré très rapidement (pour autant que cette seconde source soit fiable, c'est une meilleure solution que d'avoir des stocks de sécurité).

Chaque action doit avoir un responsable, des objectifs chiffrés et un planning associé. Le sujet le plus difficile reste d'attribuer des ressources pour ces actions qui n'ont pas, *a priori*, de retour sur investissement. Cependant, le coût de la prévention est à comparer aux coûts des dysfonctionnements, non-qualités et sinistres.

Ensuite, un suivi des actions (de type Plan/Do/Check/Act) est mis en œuvre jusqu'à l'obtention du niveau de maîtrise souhaité. L'analyse peut toujours être plus poussée et être définie de manière encore plus précise par article, par famille d'achats ou par fournisseur.

Tableau 7 – Base de suivi des actions par fournisseur

Description du risque	Occurrence	Gravité	Responsable	Plan	Do	Check	Act
Incendie fournisseur	Fréquente	Catastrophique					
Grève fournisseur	Rare	Catastrophique					
Appréciation du dollar	Possible	Critique					

L'acheteur anime les groupes de travail pour la mise en place des actions. Il assure également le suivi. Généralement, cela se fait en collaboration avec le service qualité de l'entreprise.

L'acheteur doit régulièrement, et au moins une fois par an, présenter cet outil de management des risques aux managers concernés et au comité de direction. Ces derniers jugeront de la pertinence de la mise à jour des risques identifiés, de leur priorisation, du niveau de maîtrise atteint et de la progression de cette maîtrise dans le temps.

Les risques sont classés au sein de quatre catégories :

- les risques financiers : tous les risques ont un impact financier car tous les dysfonctionnements possibles (qualité, retard…) se traduisent par des coûts complémentaires. Cependant, certains risques Achats sont liés directement à des transactions financières.

- les risques opérationnels : ce sont tous les risques liés à l'activité de l'entreprise (qualité, logistique, production, coûts).
- les risques juridiques : ce sont les risques liés à la législation ou ceux liés aux contrats avec les clients ou les fournisseurs.
- les risques d'image : ce sont les risques qui peuvent détériorer la marque, les valeurs, la notoriété de l'entreprise. On notera en particulier l'importance des thématiques de développement durable et de responsabilité sociétale (Cf. dans le chapitre 5 le § « Développement durable et responsabilité sociétale des entreprises : créateur de valeur même au regard de la seule performance Achats ? ».)

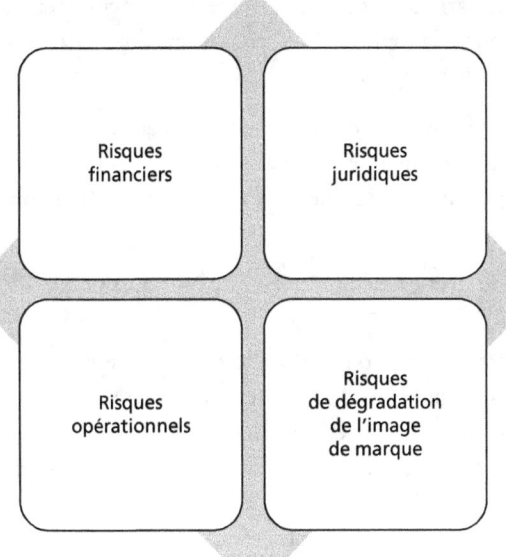

Figure 29 – La matrice des risques

Les risques financiers

Le risque financier est celui qui conduit à une perte pour l'entreprise avec des conséquences sur le résultat d'exploitation et la génération de cash, c'est-à-dire non seulement les éléments inclus dans le compte de résultat actuel mais aussi, pourquoi pas, le besoin en trésorerie, les amortissements et la trésorerie elle-même.

■ Les risques de change

Lorsque les achats et les ventes ne sont pas réalisés dans la même devise le risque de change apparaît. Il y a quatre principales monnaies utilisées dans les échanges mondiaux : dollar, euro, yen, yuan. Elles rayonnent chacune sur une zone d'influence. La parité de certaines monnaies est fixe par rapport à une monnaie principale (l'US dollar et le riyal saoudien), d'autres fluctuent peu comme le dollar et le yuan chinois.

À l'inverse, les variations de change entre deux devises peuvent être fortes comme le montre la figure 1 : « Variation du dollar par rapport à l'euro depuis 1999 » de la page 6.

Les sociétés de la zone euro qui exportent en zone dollar sont fortement défavorisées depuis quelques années à cause d'un euro fort. Nous pouvons citer les exportateurs de biens d'équipements (machines-outils) et d'avions.

Pour réduire le risque de change, il existe plusieurs possibilités de couverture :

- La couverture à terme ou l'achat de devises à terme permet de fixer à l'avance le cours auquel les devises nécessaires au paiement de l'importation seront achetées. Le taux de change étant connu d'avance, le risque de change est limité. En contrepartie, l'acheteur ne pourra donc pas profiter d'une évolution favorable du cours de la devise. Cette couverture est à mettre en place *a minima* pour couvrir la période entre la réception de la facture et le paiement du fournisseur.

- L'avance en devises permet d'obtenir immédiatement un prêt à la banque dans la devise qui servira au paiement des achats correspondants. Les incertitudes sur les cours des devises sont éradiquées.

- L'option d'achat de devises : l'option est fixée sur un montant de devises à un prix ou taux fixé dès l'origine (prix d'exercice), jusqu'à l'échéance définie. L'acheteur peut exercer le droit de l'acheter si c'est profitable pour lui. C'est le cas lorsque, au moment de l'achat de devises, les cours de change sur le marché sont plus avantageux que ceux définis dans le prix d'exercice.

L'entreprise élimine ainsi le risque de change dans son opération de vente, tout en gardant la possibilité au final de bénéficier d'un gain de change.

- L'assurance (type Coface par exemple) : l'entreprise s'assure contre la perte de change. Un cours de change est défini et sera garanti par l'assureur à l'entreprise qui pourra être indemnisée si le cours de change est à son désavantage. Cependant, elle devra restituer ses gains à l'assureur en cas d'évolution des cours de change à son avantage.
- L'autocouverture : c'est le cas des achats faits dans la même devise que les ventes de l'entreprise. De nombreuses entreprises qui ont vu leurs marchés (avions ou bateaux de plaisance) se déplacer dans une zone monétaire autre ont dû augmenter leur niveau d'achat dans cette nouvelle monnaie pour équilibrer le flux de devises achetées et vendues.

L'autocouverture est un mécanisme presque gratuit pour l'entreprise ou en tout cas son coût est caché dans celui, de toute façon nécessaire, de sourcing. Cependant, il est long à mettre en œuvre s'il faut délocaliser les Achats et les compétences.

Les autres mécanismes font intervenir un tiers, une banque et impliquent par conséquent des frais ; frais plus ou moins importants en fonction du risque à couvrir. Dans les grandes et moyennes entreprises, le département de la trésorerie est en charge de ces sujets.

La stratégie sur le risque financier fait partie du processus budgétaire et fait l'objet d'un paragraphe dans le rapport annuel de l'entreprise.

▪ Les risques de fluctuation des matières premières

Les prix d'achat des matières premières entrant dans la composition du prix du produit vendu peuvent augmenter et il est parfois difficile de répercuter sur le prix de vente du client final les variations du prix d'achat : c'est ce qui crée le risque. Ce risque est d'autant plus important que la fluctuation des prix des matières est peu prévisible. Même lorsque les prix restent plutôt stables dans une fourchette monétaire établie pendant de nombreuses années ils peuvent, sous l'effet de diverses conjonctures, augmenter, voire flamber. C'est ce qui est arrivé en 2007 et début 2008 sur certaines matières chimiques ou sur le cuivre.

Couvrir le risque de fluctuation des matières premières passe par l'indexation du prix de vente aux fluctuations des prix d'achat des matières. Pour cela l'acheteur doit connaître la part que représentent ces matières dans le coût des produits vendus : c'est cette part qui fera l'objet de l'indexation. Il faut alors gérer le délai entre l'achat et la vente ainsi que la méthode comptable de valorisation des stocks pour que le mécanisme soit parfait. En France, par exemple, la loi prévoit une répercussion des évolutions des charges de carburant sur le prix du transport routier selon l'évolution de l'indice CNR retenu. Une surcharge carburant est également pratiquée et appliquée par les transporteurs aériens sur la base d'indices métiers pertinents. Pour se couvrir contre une éventuelle hausse du prix des matières premières, l'acheteur fixe par avance le prix à une échéance déterminée pour que les fluctuations de prix ne viennent pas interférer sur les marges commerciales.

Les matières premières au sens de « matières existant dans la nature ou produites par la nature » telles que les métaux (or, cuivre, aluminium...), les sources d'énergie ou les produits agricoles (coton, café...) sont toutes cotées, telles des actions ou obligations sur les marchés financiers et font l'objet de spéculations intenses. Les cours mondiaux sont fixés sur les marchés du commerce, en réalité des bourses de matières premières. Pour l'énergie ou les métaux précieux nous avons par exemple le NYMEX (New York Mercantile EXchange), pour les matières premières alimentaires (blé, café, maïs...) nous pouvons citer le New York Board Trade ou le Chicago Board of Trade.

D'autres matières telles que l'acier sont considérées comme matières premières au sens « Achat » puisqu'elles seront transformées et utilisées pour la fabrication de produits mais en réalité, ce sont des matières déjà transformées. Ces dernières ne sont pas cotées mais l'évolution de leur prix suit l'évolution de différents indices. Nous pouvons citer les indices de l'Institut National de la Statistique et des Études Économiques (INSEE) ou ceux du Bureau of Labor Statistics aux États-Unis.

Il faut aussi distinguer l'achat direct de matières premières en gros volumes et l'achat de produits transformés.

L'acheteur, tel un opérateur de marché, utilisera différents instruments financiers pour se prémunir d'une fluctuation défavorable des prix des matières premières comme les contrats à terme, les swaps, les couvertures et les options :

- Un contrat à terme est l'outil le plus simple et peut s'utiliser même sur des matières non cotées. Les parties font fi des fluctuations possibles. Les parties s'entendent sur l'achat ou la vente d'un certain volume de matière première, à un prix fixe, à une date déterminée. À l'échéance, l'acheteur paye le prix convenu au vendeur indépendamment de l'évolution du prix de la matière première observée sur le marché. Les opérations d'achat et de vente sur le marché à terme permettent de pouvoir s'assurer, par avance, du prix d'une matière première dont l'achat est programmé dans le temps et d'ajuster les prix de vente en fonction. Le marché n'existe plus. Ces contrats sont la meilleure garantie pour la marge entre le prix d'achat de matières premières et le prix de vente. Si le contrat est fait avec le producteur de matière, il n'y a pas de frais financiers ou bien ils sont intégrés dans le prix de vente consenti.

- Le swap est l'un des instruments financiers de couverture le plus utilisé. Il permet également de garantir le prix d'une matière cotée. L'acheteur doit convenir avec la banque d'un prix fixe pour une période donnée. Il achète sa matière, comme à son habitude, au prix du marché mais si, à l'échéance, le prix du marché est plus élevé que le prix convenu, la banque paie la différence à l'acheteur. Si le prix du marché est inférieur au prix convenu, l'acheteur devra alors payer, à la banque, l'économie qu'il a réalisée. Des frais financiers sont à prendre en compte.

- Avec les systèmes de couverture, il faut tenir compte d'un risque complémentaire lorsque l'on parie sur la hausse et que le prix baisse. Au premier semestre 2008, la flambée du cours du pétrole a incité certaines compagnies aériennes à parier sur la hausse et figer un prix pour 2009. Ce prix s'est avéré très élevé en comparaison du prix réel constaté qui, lui, avait fortement baissé, contrairement aux prévisions alarmistes de fin 2008. La conséquence en a été un surcoût élevé des achats de carburant pour ces compagnies. Pour conserver leur part de marché, elles ont dû suivre le prix du marché pour les prix de vente des billets et ont affiché des pertes opérationnelles de plusieurs centaines de millions d'euros !

Certaines entreprises préfèrent acheter sans couverture. D'autres s'organisent pour mettre en place des mécanismes de répercussion des prix réels de façon périodique (trimestrielle) en cascade au sein d'une filière.

Lorsqu'il n'y a pas de cours de marché et donc pas d'instruments financiers standards, il faut « inventer » la façon de limiter les risques. L'objectif pour l'acheteur est de négocier, sur une période plus ou moins longue, avec ses fournisseurs des contrats dont les prix sont fixes ou fluctuent le moins possible, et dans tous les cas sécurisent la marge de l'entreprise.

> Parmi les moyens à la disposition de l'acheteur, il faut n'accepter d'indexation que sur la part matière réelle ou encore préparer l'homologation de matières de substitution. Ce sera une vraie négociation sur un mécanisme mutuellement bénéfique entre acheteur et fournisseur.

Les pénalités de retard

La loi de modernisation de l'économie (LME), votée en 2008, a imposé aux sociétés en France, dès 2009, des délais de paiement maximaux à respecter, ne pouvant dépasser soixante jours nets ou quarante-cinq jours fin de mois à compter de la date d'émission de la facture. Des dérogations et spécificités ont été prévues pour certaines branches comme le textile, le BTP, l'édition ou encore le transport (trente jours).

Les entreprises peuvent négocier d'un commun accord des délais de paiement plus courts. Cela est souvent le cas pour les prestations intellectuelles. En revanche, ces délais ne peuvent pas être rallongés, même en cas d'accord des parties.

En cas de retard de paiement par rapport aux délais négociés ou aux délais légaux, des pénalités de retard sont applicables et dues dès le lendemain de la date de l'échéance de paiement indiquée sur la facture du fournisseur. Ces pénalités sont égales au taux d'intérêt appliqué par la Banque centrale européenne (BCE) au taux du refinancement bancaire plus 10 % de majoration ; il s'agit du taux minimal prévu par la loi.

Les entreprises peuvent négocier un taux différent qui ne peut pas être inférieur à trois fois le taux d'intérêt légal[1]. Cependant, si un taux supérieur est fixé dans les conditions générales de vente ou le contrat, ce sera celui-ci qui sera applicable. Il est important de bien vérifier ce point.

---

1. Ce taux était d'une fois et demie auparavant.

Il semble d'usage que le fournisseur ne réclame pas le paiement de ces pénalités en cas de retard de paiement afin de garder une bonne relation avec ses clients privilégiés, surtout si cela n'est pas usuel et *a fortiori* si le non-paiement de la facture a pour origine un litige portant sur la prestation. Cependant, il faut savoir qu'à défaut du règlement du client à la date donnée, le fournisseur sera en droit de réclamer son dû.

Contrairement à ce qui se passe en France, les pénalités de retard ne sont pas imposées par tous les pays du monde. Pourtant, les fournisseurs incluent souvent cette clause dans leurs contrats afin d'inciter leurs clients à respecter les délais de paiement initialement prévus, et pouvoir également compenser les coûts bancaires subits du fait des retards de paiement.

Les risques opérationnels

■ Les risques qualité

Nous n'analyserons ici que l'aspect qualité « objective ». La qualité « subjective », bien que primordiale dans la qualité perçue par le client, n'est pas directement un risque Achats pour l'entreprise. De plus, les lignes ci-dessous n'ont pas vocation à être exhaustives sur le traitement de la qualité Achats, la maîtrise de celle-ci ou la résolution de problèmes. De nombreux ouvrages existent sur ce thème. En revanche, nous avons voulu donner les grands axes de la création de valeur des Achats pour le traitement de la qualité fournisseurs.

La qualité peut se définir comme la satisfaction des produits et services achetés suivant les critères de conformité définis dans le cahier des charges destiné au fournisseur.

La qualité Achats recouvre trois différentes composantes :
- la qualité en développement ;
- la qualité en production ;
- le développement fournisseurs.

Chaque composante implique des missions et des objectifs spécifiques. Dans les entreprises à l'organisation la plus aboutie, cela donne lieu à trois métiers bien différents.

D'un point de vue organisationnel, les services qualité Achats peuvent être rattachés soit aux Achats, soit à la Qualité en fonction de la maturité des organisations, du panel fournisseurs et des objectifs à atteindre. Dans une société où la fonction se crée, on préférera rattacher le service qualité Achats aux Achats pour garantir la mise en place des processus entre acheteurs et fournisseurs. À l'inverse, une fois les modes de fonctionnement établis, on rattachera le service qualité Achats à la direction qualité pour garantir à la fois l'impartialité du jugement et la réactivité du processus qualité face aux incidents clients et production.

La politique qualité

Le premier risque est l'absence d'un politique qualité.

La politique qualité de l'entreprise se décline – entre autres – dans l'acceptation et l'accréditation à un certain nombre de standards (Iso, Iris, International Railway Industry Standard) et dans la mise en place d'une assurance qualité fournisseurs (AQF).

Il y a quelques questions clés à se poser pour l'élaboration d'une politique qualité fournisseurs :

- Le standard : puis-je me référer à un standard ? Reconnu de tous (mon industrie, mes clients et mes fournisseurs) ? Est-ce suffisant ?
- La compétence : mon panel est-il compétent pour le management de la qualité ? De ses produits et services ?
- La qualité de la relation : quel est mon niveau de confiance dans ma relation fournisseurs ? Et donc quelle autonomie puis-je donner à mes fournisseurs dans le contrôle de ses produits et services ?

Exemple

Les deux constructeurs automobiles français déclaraient il y a plus de 10 ans que leur entreprise ne travaillait plus qu'avec des « fournisseurs experts dans leurs métiers au sein d'une relation de confiance ». Cela a eu un impact sur le panel fournisseurs et les outils de contrôle de cette qualité. Puis, cette démarche a été remise en cause avec le début des achats dans les pays à bas coûts. La politique des deux sociétés et son application opérationnelle ont dû s'adapter à cette nouvelle stratégie d'achats.

Bien des entreprises disposent de référentiels et d'outils de contrôle de qualité des fournisseurs. Pour autant, leur politique n'est pas systématiquement formalisée sous forme d'une démarche qualité claire, nette et précise. Politique qui doit être communiquée à tous (en interne et en externe).

Le déploiement de cette politique doit se concrétiser avec des procédures, des contrôles définis, enregistrés et suivis.

Il faut souligner que l'AQF constitue une source d'économies puisqu'elle a pour but de limiter et de maîtriser le maximum de risques qualité, le plus en amont possible, directement chez le fournisseur. Pour donner un ordre de grandeur, corriger un même défaut qualité coûte 1 en conception (par une modification des plans), 10 en fabrication, 100 chez le client, 1 000 lorsqu'il faut reprendre un parc (le ratio 1 à 1 000 étant largement minoré quand il s'agit de reprendre un parc de voitures ou immobiliser un parc de trains qui fonctionnent à plein dans le réseau...).

La capacité de l'organisation à mettre la qualité au centre de ses choix fournisseurs et sa capacité à ressourcer un fournisseur suite à des problèmes qualité est le cœur de la politique qualité de la société. Le management des fournisseurs par l'exemple sera bien plus parlant qu'une grande théorie.

La qualité en développement

Le but de la qualité en développement est bien sûr de garantir la satisfaction du client par des actions alors que le produit est en phase de développement. L'aspect planning est prépondérant.

On donnera ainsi la définition suivante de la qualité en développement : garantir que toutes les étapes de développement qui assurent la qualité du produit et de son industrialisation sont définies et exécutées dans le planning du projet.

Elle doit permettre :

- de garantir le niveau de qualité requis à chaque étape ;
- d'assurer le respect de jalons clés ;
- de suivre les ressources ;
- d'identifier les besoins et à moindre coût.

La norme de l'entreprise en qualité en développement (Advanced Product Quality Planning – APQP) doit prendre en compte :
- le planning type (planning client *versus* planning fournisseurs) ;
- la spécificité de l'industrie (volume, degré de standardisation) ;
- la maturité du panel et sa capacité à accepter des contraintes de son client ;
- la compétence des équipes qualité comme de développement.

Ainsi, la définition de la qualité en développement est bien différente d'une industrie à l'autre.

On identifie sept grandes étapes de la qualité en développement :
- présourcing ;
- définition du besoin ;
- choix fournisseur ;
- développement produit (prototypes) ;
- développement process ;
- validation produit et process (échantillons initiaux, premières pièces de série, etc.) ;
- retour d'expérience.

Chaque étape se décompose en tâches et en livrables à réaliser dans le respect du planning ; ces tâches Achats étant planifiées avec l'ensemble des tâches de développement du produit.

Outre les problèmes de non-respect des normes applicables (externes ou internes) et d'évolution du besoin, le problème majeur en développement est le manque de robustesse du cahier des charges. Deux types de problème peuvent générer la conception de produit non conforme :
- Le premier problème est lié aux imprécisions du cahier des charges, à des spécifications conflictuelles entre elles ou à des limites de la technologie.
- Le second problème est lié à des omissions dans le cahier des charges. Le fournisseur l'interprète consciemment ou inconsciemment pour réaliser le produit. Mais son interprétation n'est pas compatible avec l'environnement aux interfaces (mécanique ou fonctionnelle), ou bien elle est différente du souhait du client.

Deux actions sont à mettre en œuvre pour pallier ce risque qualité en développement :
- L'acheteur obtiendra à l'issue de revue de plan et de cahier des charges, entre les équipes technique et qualité de son entreprise et du fournisseur, un engagement sur la réalisation du produit. Cet engagement est formalisé dans un document appelé « engagement de réalisation des équipes » (couramment « Team Feasability Commitment »). Cet engagement n'est parfois possible qu'après la validation issue de simulation numérique, la réalisation de maquettes ou de prototypes. Le produit et l'environnement évoluant, le travail de l'acheteur projet est de garantir cet engagement avec ces évolutions.
- L'acheteur rajoutera une clause dans sa commande sur l'exhaustivité du cahier des charges. Il indiquera que le cahier des charges contient les éléments nécessaires et suffisants pour concevoir le produit, et que le fournisseur – expert dans sa fonction – est responsable de sa robustesse.

> L'obtention de l'engagement des équipes internes et fournisseurs en début de développement paraît sans doute basique, mais il n'est pas facile à obtenir car il est exigeant pour les uns et les autres.

La valeur ajoutée des Achats en développement est de garantir après le choix fournisseur l'engagement des équipes sur la réalisation du cahier des charges en respectant les objectifs de coûts, qualité et délais.

La qualité en production

La qualité en production recouvre quatre missions :
- la mesure de la performance ;
- le management des contrôles d'entrée et des évolutions produit ;
- les plans de progrès ;
- le management des non-conformités.

Elle concerne la qualité en clientèle et la qualité à zéro kilomètre.

La qualité en clientèle

La qualité en clientèle est un sujet particulièrement difficile à traiter. Hormis les crises majeures qui, en mobilisant de nombreuses ressources, sont en général bien traitées, il est souvent difficile d'être exhaustif sur ce thème.

Les intermédiaires sont nombreux. Le client est souvent avare d'explications et de données provenant du parc clients (car ces données montrent ses propres faiblesses). L'analyse technique des pièces est rarement faite. Par peur du délai de traitement de l'incident, la reprise du défaut est souvent effectuée par le client final sans en informer les protagonistes, bloquant ainsi toute action de progrès.

La mesure de la non-performance est alors faite au moyen d'un indicateur de « coût de non-qualité » (Cost Of Poor Quality – COPQ).

L'organisation Achats aura sur ce thème comme actions clés :
- d'obtenir vis-à-vis de l'interne un maximum d'informations sur les défauts, l'analyse des causes et l'identification des responsabilités ;
- de recouvrer les sommes « perdues » ;
- de maîtriser et d'étendre les garanties contractuelles avec les fournisseurs.

Si l'ensemble de la chaîne de valeur est long il se peut que, lorsque le produit arrive chez le client final, sa période de garantie accordée par le fournisseur soit en fait terminée.

La qualité à zéro kilomètre

La qualité à zéro kilomètre mesure la qualité avant la vente au client. La non-qualité peut être détectée soit au niveau du contrôle d'entrée des pièces achetées, soit en production, ou au contrôle avant expédition du produit fini. Elle implique des actions immédiates de protection de la production et des actions correctives à chacune des étapes de la fabrication.

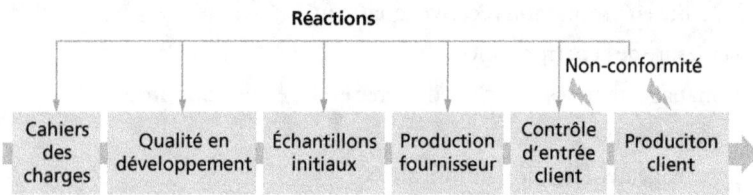

Figure 30 – Réactions suite à une non-conformité en production

On notera l'interaction nécessaire entre toutes les fonctions pour une bonne réactivité et la maîtrise de la qualité sur tous les maillons de la chaîne. On s'assurera de la sorte, par exemple, que le contrôle d'entrée travaille étroitement avec la qualité Achats.

Outils de la mesure de performance

Les outils utilisés pour la mesure de la performance sont : le nombre de pièces défectueuses par million (parties par million – PPM), le pourcentage de non-conformités, le temps de réponse, le pourcentage de pièces sans contrôle à l'entrée, le pourcentage d'échantillons initiaux contrôlés justes du premier coup (First Time Right – FTR). L'action de l'organisation sera d'obtenir les plans d'actions des fournisseurs et des engagements annuels sur l'atteinte d'objectifs toujours plus ambitieux afin de diminuer le coût de la non-qualité. Le pourcentage d'incidents trouvé en production par rapport à ceux trouvés au contrôle d'entrée est un bon indicateur d'efficacité du contrôle d'entrée. On notera aussi que le ratio standard entre les PPM qu'une entreprise génère chez le client et les PPM qu'une entreprise « reçoit » de ses fournisseurs est de 1 à 10.

Il est bon de rappeler que l'objectif des Achats est de réduire, voire d'éliminer, le contrôle d'entrée et de transférer un maximum de tâches chez le fournisseur, directement en production. Toutes les actions de contrôle d'entrée et de tri doivent être associées aux opérations de production chez le fournisseur. Si, en mesure réactive, un tri ou un « mur qualité » est organisé, il doit être précisément circonstancié, limité dans le temps avec l'objectif d'atteinte de critères opérationnels. Dans certaines organisations où le contrôle d'entrée est rattaché à la production et non à la qualité, le service contrôle peut alors davantage s'attacher à la fluidité de la production qu'à la maîtrise de la qualité.

L'organisation Achats doit veiller en particulier à :
- Garantir la robustesse des processus de confinement sitôt un défaut trouvé. Le processus doit garantir que la production ne peut reprendre qu'avec des pièces réputées conformes. Les pièces défectueuses et leur stock seront repris par le fournisseur qui sera tenu responsable des coûts générés par la production défectueuse pour cause de pièces non conformes.
- Gérer les modifications « produit et process », et garantir que les plans de contrôle utilisés évoluent exactement en même temps que les produits.

Traitement des non-conformités

Pour le traitement des non-conformités, il faut s'attacher en particulier à deux points primordiaux : la robustesse de la réponse du fournisseur et la réactivité dans le traitement.

Pour la robustesse de la réponse, de nombreux formats de rapport de non-conformité existent. Ils doivent être bien adaptés au problème rencontré et surtout à la maturité des organisations. Il est sans doute inutile et illusoire de faire remplir une fiche détaillée dite « 8D » et un arbre de défaillance d'Ishkawa dans chaque cas. En revanche, il est primordial de bâtir immédiatement le plan d'actions à mettre en œuvre pour protéger le client et corriger la production. Pour juger de la pertinence des réponses apportées par le fournisseur, il est nécessaire d'avoir une personne qui connaît les processus internes et les processus du fournisseur. Encore une fois, la garantie de la qualité doit être apportée par la production du fournisseur. Ainsi, le responsable de la clôture des fiches d'incident sera celui qui connaît le fournisseur.

Si la qualité de la réponse du fournisseur est importante, plus important encore est le délai de sa réponse. Pas seulement parce qu'il limite les perturbations et les coûts mais parce qu'il démontre l'importance du sujet. La notion de perception de la performance du fournisseur est importante. Les fiches « incidents » envoyées au fournisseur doivent être traitées par ce dernier dans des délais très courts. Le fournisseur doit caractériser la cause et proposer les plans d'actions dans les meilleurs délais.

La gestion des plans de progrès des fournisseurs est une vraie responsabilité des Achats. Dans une organisation mature où l'axe qualité est bien compris, le fournisseur reçoit, en automatique, la mesure de sa performance mensuelle. Il doit alors être capable d'envoyer de manière régulière et autonome ses plans de progrès qualité qui concernent l'ensemble du processus de la chaîne et cela pour chaque type de produit, depuis la conception jusqu'au montage du produit chez le client, en traitant au passage la production, l'emballage et la logistique.

Le développement fournisseurs

L'étape la plus importante pour le développement de la qualité du panel des fournisseurs est le choix fournisseur et le statut du fournisseur dans le panel (cf. dans le chapitre 1 le § « Maîtriser ses fournisseurs : stratégie de panel »). Le moyen principal est l'audit dont le but est d'obtenir un panel de fournisseurs et sous-traitants fiables et performants.

Au moment du choix fournisseur, l'acheteur prendra en compte :
- la performance qualité réelle du fournisseur ;
- sa motivation dans les plans de progrès associés ;
- sa capacité à répondre aux exigences génériques de son client suite aux audits (voir le paragraphe suivant) ;
- la réponse aux besoins qualité spécifiques du projet.

Sur ce dernier point, il est important d'avoir un processus de choix fournisseur robuste. Il comprend une analyse exhaustive des risques pour le choix fournisseur et le plan de contre-mesures associées.

L'audit fournisseur

L'audit fournisseur permet de faire un état des lieux des forces et des points d'amélioration du fournisseur. Selon les cas, il peut s'agir d'un audit général lié à un standard international (Iso, Iris, etc.), un audit global indispensable et préalable à toute relation commerciale, mais ce peut être également des audits plus ciblés sur un process clé (soudure, peinture…) ou une compétence spécifique (logistique, management de projet…). Les Achats, en relation avec les départements qualité et les experts de la société, fixent la liste des fournisseurs à auditer et réalisent ces audits. Il s'agit en priorité d'auditer les fournisseurs qui sont candidats au référencement dans le panel, ceux dont les indicateurs et ratios mesurés ne correspondent pas aux objectifs fixés, puis les fournisseurs qui se sont montrés défaillants sur certains points. La notation prend en compte la quantité et la qualité de la non-conformité (grave, mineure, ou simple remarque). Le fournisseur doit bien sûr bâtir un plan d'actions associé.

Cette démarche d'audit permet de pouvoir maîtriser en amont la qualité d'une filière et d'optimiser ainsi la performance de la fonction Achats.

On notera trois grands types d'audit fournisseurs :
- L'audit « tierce partie », effectué par un organisme externe, indépendant de l'entreprise et de ses clients. Cette forme d'audit garantit normalement l'impartialité de l'auditeur envers l'audité, une certaine rigueur et le respect strict des normes concernées.
- L'audit « seconde partie », mené directement par le client chez son fournisseur. Cet audit est mis en place par un client en quête d'efficacité. Il

est essentiel que les personnes chargées de l'audit aient été formées et certifiées « auditeurs ».

- L'audit interne « fonctionnel », défini par une exigence d'efficacité. L'objectif étant d'améliorer le fonctionnement de l'entreprise.

L'audit permet d'obtenir des résultats notamment sur la qualité des produits (respect des qualifications techniques, baisse du taux de pannes...), sur la qualité des livraisons (respect des délais de livraison, baisse du taux d'erreurs ou de manques dans les colis...), sur la qualité de service (respect du délai de dépannage, contrôle du service après vente...), mais aussi sur tous les autres points qualité.

Le fournisseur qui a fait l'objet d'un premier audit sera audité de nouveau :
- lors d'un audit de suivi afin de s'assurer que l'ensemble des actions et mesures prises par lui, suite à l'audit premier, ont bien été déployées et de mesurer les progrès réalisés ;
- lors d'un second audit, car tout fournisseur stratégique doit faire l'objet, de façon régulière, d'une revue de ses processus afin de vérifier qu'ils sont toujours en adéquation avec les exigences du client.

▪ Les risques logistiques

Ces dernières années, les chaînes logistiques se sont considérablement allongées. Cet allongement est l'une des conséquences des stratégies d'entreprise évoquées en introduction : externalisation, délocalisation et segmentation de la fabrication. L'allongement de la chaîne a mathématiquement augmenté les risques auxquels les chaînes logistiques des entreprises sont exposées.

Nous distinguerons trois types de risque logistique : les risques externes, les risques des entreprises et les risques opérationnels.
- Dans les risques externes, nous mettrons par exemple les catastrophes naturelles. Ces dernières années, nous avons connu des pandémies en Asie, des inondations au Vietnam, des cyclones aux États-Unis, un tremblement de terre à Haïti, un Tsunami en Indonésie, une éruption volcanique en Islande. La liste est longue et chacun de ces événements a – entre autres – fortement perturbé la logistique de nombreuses entreprises. Il y a aussi les risques « politiques » des pays d'où proviennent les achats. Là aussi, nous

avons des exemples très récents où une chaîne complète d'approvisionnement est remise en cause pour longtemps. Pour faire face à ces risques, même si les acteurs analysent les risques, ils sont incapables de sécuriser leurs flux face à des risques à la probabilité si faible. Dans tous les cas, l'acheteur doit prendre en compte ce risque souvent appelé le risque « pays » (la notion englobe également le risque lié au taux de change évoqué précédemment).

- Après les pays, il y a des risques liés aux entreprises partenaires. Si le fournisseur est bien externe à l'entreprise, le rôle de l'acheteur dans le choix de ses prestataires, de leur stabilité, est primordial. Ici, les risques sont liés à la liquidation de l'entreprise, sa mise en redressement, les grèves et conflits sociaux. Ils peuvent mettre à mal la chaîne d'approvisionnement pour longtemps. L'action de l'acheteur est d'abord préventive. Avant tout référencement d'un fournisseur, l'acheteur demandera le bilan complet de la situation financière du fournisseur par une société experte qui analysera les ratios financiers classiques mais aussi les habitudes de paiement du fournisseur. L'acheteur analysera aussi le profil des actionnaires, leur ancienneté, celui des clients, des autres secteurs d'activité, leur histoire. De cette façon, il évaluera le management de l'entreprise à prendre des risques ou gérer celle-ci « en bon père de famille ». L'acheteur devra également mettre en place un système de surveillance de la pérennité de son panel de fournisseurs et un réseau d'alerte (auprès des ingénieurs et des logisticiens qui sont en contact journalier avec les fournisseurs) pour capter les signaux faibles émis par les fournisseurs sur leur santé et climat social.

- Le troisième type de risque est opérationnel et se situe cette fois-ci dans l'atelier. Outre les problèmes de qualité, nous distinguerons cinq risques opérationnels liés à la logistique :
  – les délais d'approvisionnement trop longs ;
  – les délais variables ;
  – les retards ;
  – la défaillance des protocoles logistiques ;
  – la défaillance dans la gestion des stocks.

Nous illustrerons ces risques ci-après avec quelques exemples.

Parmi les actions préventives pour réduire ces risques, on notera :
  – définir des contrats cadres ou protocoles logistique et transport ;
  – prendre une assurance pour se protéger contre les catastrophes ;

– analyser systématiquement les sources de défaillance ;
– flexibiliser les flux (offrir des prestations alternatives, réduire les lots) ;
– avoir différents schémas logistiques, voire des redondances ;
– créer un groupement d'acteurs de confiance mobilisables rapidement.

Le principe de cette sécurisation des flux d'approvisionnementest à la fois de créer des contraintes qui garantissent les flux normaux mais aussi d'avoir une/des alternatives(s) libérée(s) de toute contrainte facile(s) et rapide(s) à mettre en œuvre. Surtout, l'acheteur doit avoir la vue complète et globale de sa chaîne logistique. L'étude de la chaîne par un « Value Stream Mapping » (cf. dans le chapitre 5 le § « Value Stream Mapping ») est une action également de sécurisation.

Aujourd'hui, la *supply chain* a vu sa fonction se développer. Les nombreux responsables logistiques ont fait le choix de mettre en place des actions pour développer et sécuriser leurs flux logistiques. Afin d'assurer un meilleur flux de production, la *supply chain* met à la disposition des entreprises une plate-forme leur permettant d'identifier les facteurs ayant un impact important sur les coûts mais surtout sur les niveaux de service.

Délais d'approvisionnement trop longs

L'allongement des délais d'approvisionnement est souvent provoqué par des cycles longs de la chaîne logistique, mais également à cause des achats auprès d'entreprises lointaines. Le risque associé à ces délais d'approvisionnements trop longs peut se traduire par un manque de flexibilité. Les éventuelles conséquences en sont une mauvaise perception du service de l'entreprise, des difficultés à faire modifier une commande ou à obtenir un raccourcissement des délais de livraison. Si par ailleurs certains délais viennent à ne pas être tenus, c'est la fiabilité globale du service que le client remet en cause. Les délais trop longs à l'entrée peuvent se traduire par une perte de compétitivité de l'entreprise sur son marché, et donc des pertes de parts de marché.

Lorsque les produits proviennent d'Europe de l'Est, les risques sont faibles du fait du peu de distance entre les pays. Un transport direct prendra un ou deux jours maximum. En outre, de nombreux pays font partie de l'Union européenne, ce qui facilite les échanges intracommunautaires. Les risques augmentent lorsque les fournisseurs se trouvent dans des pays à bas coûts plus lointains comme l'Inde ou la Chine, et dès que le transport maritime intervient. Dans ce cas, les délais d'approvisionnement sont très longs car au délai de transport important se rajoutent certaines contraintes administratives (formalités douanières...) auxquelles l'acheteur doit faire face.

Concernant les délais d'approvisionnement, il est nécessaire de déterminer quantitativement les risques logistiques encourus, ce qui n'est pas évident à mettre en œuvre. Nous l'avons vu (chapitre 2, § « Augmenter la marge par la démarche coût complet »), le prix d'achat du produit en soi n'est qu'une composante du coût d'acquisition global et donc un des critères de choix d'un approvisionnement lointain.

Variation des délais d'approvisionnement

Les systèmes d'information permettent d'avoir une visibilité globale sur la variation des délais d'approvisionnement. La mise à jour des systèmes d'information logistiques permet d'assurer la fiabilité des délais de fabrication et de livraison d'un produit. Il est important de souligner que l'excédent de stock peut être provoqué par des délais d'approvisionnement trop longs ou un manque de fiabilité du système, du fournisseur. Il est primordial de mettre à jour régulièrement les délais standards inscrits dans les ERP.

Retards de livraison

Le principal problème qui mobilisera l'acheteur immédiatement et pourra rendre sa vie d'acheteur impossible est le retard de livraison, et sa conséquence dramatique : la rupture de stock.

Faute d'action structurée décrite ici, l'acheteur traitera les problèmes au cas par cas : par des dépannages en taxi, en hélicoptère, par dérogation, par homologation de produit de substitution, etc.

Un taux de service à 100 % ne peut être garanti auprès des fournisseurs référencés et ce, malgré toutes les précautions de l'acheteur. Cependant, l'analyse détaillée mensuelle du taux de service et de la profondeur des lignes en retard (depuis combien de jours une commande est-elle en retard ?) permettra à l'acheteur de surveiller et de mettre en place un plan de progrès avec des axes d'amélioration. La meilleure façon pour l'acheteur est de gérer son portefeuille fournisseurs en amont de l'achat avec la *supply chain*.

Protocoles logistiques mal lus ou mal interprétés par les fournisseurs

Peu d'entreprises formalisent leur processus logistique de manière contractuelle. Dans les secteurs de l'automobile, de l'aéronautique et de l'agroalimentaire, la mise en place de protocoles logistiques tend à devenir un standard.

De nombreux risques d'incompréhension des protocoles logistiques par les fournisseurs persistent. Pour pallier ce problème, plusieurs réunions avant le démarrage des livraisons sont organisées pour intégrer les flux logistiques des fournisseurs au sein de la chaîne logistique. Le client et le fournisseur peuvent ainsi clarifier point par point chaque terme du protocole logistique : mode d'approvisionnement, moyens et/ou outils de communication, gestion du transport, des emballages et de la performance fournisseur.

Lorsque le protocole paraît être « une arme trop lourde », un des points essentiels devient l'audit logistique dans lequel les achats vont s'assurer que :

- les termes du contrat réalisés par le fournisseur sont fiables ;
- la communication entre la gestion de la production, la planification et l'administration des ventes est fluide ;
- les contraintes internes sont prises en compte par les décideurs : rupture d'approvisionnement chez le fournisseur, incident qualité, respect des délais de livraison.

Gestion des stocks de composants

Ce risque provoque souvent des ruptures de chaîne sur les sites de production dans certaines industries. Des secteurs sont plus ou moins sensibles au déséquilibre entre l'offre et la demande. On notera les composants électroniques, l'électricité dans certains pays, mais aussi les pièces en acier forgé ou les pièces liées à une technologie innovante. L'acheteur devient alors un chasseur, prêt à acheter à des brokers des pièces à des prix supérieurs au prix marché pour obtenir les quantités voulues.

> L'action préventive consiste à partager les volumes recherchés par rapport aux capacités du fournisseur, mais aussi d'auditer le capacitaire de ses fournisseurs.

Les risques juridiques

■ La contractualisation

La contractualisation se résume par deux vieux adages « Mieux vaut prévenir que guérir » et « Ce qui se conçoit bien s'énonce clairement ».

Au sens strict du droit, un contrat commence quand il y a un accord sur le prix et la chose achetée entre le vendeur et l'acheteur professionnel. Et cet accord pourrait apparaître rapidement dans certains cas, voire trop rapidement. Car dans la « vraie vie », d'autres éléments peuvent être vitaux pour un contrat réel : la date de livraison, la propriété intellectuelle, la confidentialité, les délais de paiements, etc.

> La contractualisation se pose donc comme le socle de la gestion du risque juridique sans en être le seul outil.

L'acheteur n'est pas juriste et les lois sont complexes. La rédaction et la négociation d'un contrat peuvent être longues et difficiles mais l'acheteur ne peut négliger cette étape fondamentale qui fait partie de sa raison d'être.

Les dispositions de l'article 1134 du Code civil énoncent le principe de liberté entre les parties à un contrat, qui sont supposées s'engager librement, en connaissance de cause : « Les conventions légalement formées tiennent lieu de loi à ceux qui les ont faites (...) ». L'acheteur doit contractualiser et anticiper les défaillances. Ce travail doit non seulement être mené avant tout engagement ou commande. Mais il doit aussi être anticipé avant de faire appel au marché. La bonne pratique est d'envoyer aux fournisseurs l'accord que l'acheteur souhaite voir signer au moment de l'envoi d'un appel d'offres. Lorsque la contractualisation intervient après la désignation du fournisseur, il est difficile d'obtenir de la part du fournisseur des concessions et les garanties souhaitées. Il serait alors en position de force.

Deux outils s'imposent : le contrat type et le clausier type.

- Le contrat type sert pour les achats relativement standards, qui ne présentent de complexité contractuelle. Les entreprises les plus rigoureuses ont à disposition de dix à trente contrats types. Citons les contrats de fourniture de biens, de services, de sous-traitance de production, de droit à l'image, de baux, etc.

- Les clausiers type sont des listes de « bouts de contrats », qui sont assemblés en fonction de la situation. Bien évidemment, un juriste d'entreprise et un avocat déconseilleront que la chose juridique soit touchée par quelqu'un qui n'est pas un « homme de l'art ».

Notons une forte différence de fonctionnement entre les pays latins et les pays anglo-saxons. Pour ces derniers, le contrat est tout. Il doit être respecté à la lettre et la peur du bras armé de la justice est forte. Les pays latins respectent les contrats mais de façon plus relative que les pays anglo-saxons. Tout se discute. La meilleure illustration est qu'en France les « juges » des tribunaux de commerce ne sont pas des magistrats diplômés mais des commerçants élus par leurs pairs. Dans cette logique, certaines entreprises ont imaginé que sans contrat, il n'y a pas d'engagement. La réalité d'une relation d'affaire est un « contrat de fait ».

■ Les conditions générales de vente

Comme expliqué plus haut, entre professionnels, il n'y a pas de formalisme imposé, de manière générale, pour qu'un contrat soit formé. En matière de relations commerciales, il n'y a pas d'obligation générale de contrat écrit. Il suffit d'un accord sur la chose et sur le prix. Mais en l'absence de contrat spécifique, il y a un risque de confrontation entre les conditions générales de vente (CGV) du vendeur et les conditions générales d'achat (CGA) de l'acheteur.

Le contenu et la communication des CGV sont réglementés par article L. 441-6 du Code de commerce. Les CGV comprennent :

- les conditions de vente ;
- le barème des prix unitaires ;
- les réductions de prix ;
- les conditions de règlement.

Les entreprises ont pour habitude d'imprimer leur CGV au dos de leurs devis, factures et accusés de réception de commandes. Par nature, les CGV sont à l'avantage de l'entreprise vendeuse. C'est une façon d'imposer de façon tacite ses conditions. Mais les CGV ne sont opposables à l'acquéreur que si celui-ci, les ayant connues, les a acceptées au moins tacitement (CA Aix-en-Provence 24 avril 1979).

Limiter les risques juridiques commence aussi par la connaissance des CGV des fournisseurs.

En principe, les CGV sont censées être la base de toute discussion marchande. Citons l'article L. 441-6 du Code de commerce : « Tout producteur, prestataire de services, grossiste ou importateur est tenu de communiquer ses conditions générales de vente à tout acheteur de produits ou tout demandeur de prestations de services qui en fait la demande pour une activité professionnelle. Celles-ci constituent le socle de la négociation commerciale ». Cet article est peu connu et peu respecté. Et s'il l'était, cela placerait la société acheteuse en position de faiblesse. Il est toujours plus facile de renégocier sur la base de son propre contrat.

Si deux entreprises forment un contrat commun, les sujets qui ne sont pas traités dans le document seront interprétés à la lueur des CGV.

▪ Les conditions générales d'achat

Contrairement aux CGV, les CGA ne sont pas réglementées. Ce qui implique qu'un client ou un fournisseur n'est en principe ni tenu d'établir ni de communiquer ses CGA, même aux fournisseurs qui en font la demande expresse.

Dans la pratique, les CGA sont très souvent utilisées par les donneurs d'ordre pour imposer et définir leurs conditions d'achat. Et souvent par le biais de contrats cadres expliqués plus haut. Cette volonté d'exclure les CGV se fait de manière explicite ou tacite.

Exemple de clause d'exclusion de CGV

De manière tacite :
- ✓ « Les présentes conditions s'appliquent à toutes les commandes... » ;
- ✓ « Tout autre document que ceux visés à l'article 2.1 sont inapplicables entre les parties au contrat (...) ».

De manière explicite :
- « Les présentes conditions excluent toutes conditions générales de vente qui leur seraient contraires » ;
- « Les présentes conditions générales d'achat signées par le fournisseur prévalent sur toutes conditions générales de vente du fournisseur... et tout autre document émanant du fournisseur ».

> L'acheteur et le vendeur doivent comparer CGV et CGA, détecter les différences, les contradictions et négocier un compromis acceptable pour et par les deux parties.

Que se passe-t-il en cas de contradiction entre CGA et CGV ? C'est la situation où le fournisseur envoie ses CGV à l'acquéreur, puis l'acquéreur envoie avec sa commande ses CGA excluant expressément toute clause contraire des CGV. Certains arrêts de justice ont considéré que l'accord des parties s'est formé sur les CGA de l'acheteur, dès lors que celles-ci constituent le dernier document échangé avant la livraison des biens ou l'exécution du service (Cass com 11 mai 1993). Cependant d'autres arrêts (ainsi que la doctrine) estiment qu'il n'y a pas eu d'accord entre les parties et que les clauses contradictoires s'annulent pour laisser le droit commun de la vente reprendre son emprise (Cass com 12 juillet 1994).

La jurisprudence penche vers le fait qu'il n'y a pas de partie plus avantagée que l'autre. « Les CGA et CGV ont vocation à se compléter : pas de prééminence des unes sur les autres. Seul impératif : cela ne doit pas conduire à créer des déséquilibres significatifs » (CA Caen 11 décembre 2008). « En droit commercial rien n'impose de préférer les conditions générales de vente d'un fournisseur aux conditions générales d'achat d'un distributeur client, qui sont soumises à la négociation commerciale des parties » (CA Nîmes 25 février 2010).

▪ La clause de confidentialité

Toute personne ayant accès à des informations stratégiques constitue un risque pour l'entreprise. La confidentialité est un volet essentiel de la protection des innovations et du savoir-faire de toute entreprise, que ce soit dans l'industrie ou les services.

Nous avons tous en mémoire les « fuites » d'informations qui ont touché de gros groupes industriels ces dernières années. Faux stagiaires, personnel interne qui travaille pour le compte d'un concurrent, fournisseur qui divulgue la stratégie... les risques sont multiples. Les entreprises doivent donc mettre en place diverses mesures afin d'assurer la protection de leurs avancées.

L'acheteur a une responsabilité vis-à-vis de son entreprise. Il est constamment exposé à des risques liés à la confidentialité. Il échange des informations confidentielles avec ses fournisseurs et en reçoit également. Afin de se protéger dès le début de la relation, il convient tout d'abord de faire signer un accord de confidentialité (ou Non-Disclosure Agreement) avant l'envoi d'informations aux fournisseurs lors d'un appel d'offres par exemple. Le NDA soumet les fournisseurs qui reçoivent l'appel d'offres à un devoir de confidentialité sur son contenu et ses objectifs, qu'ils y répondent ou non. L'accord de confidentialité est une obligation de résultat et pas de moyen. Il est donc très contraignant.

Toutefois, cet accord ne suffit pas et doit être complété par une vigilance à chaque étape. En effet, il est bien sûr recommandé de limiter au strict nécessaire les informations transmises tout au long de la relation. Bien sûr, cela implique aussi de porter une attention particulière à la protection et codification des documents et fichiers transmis ; l'application de la mention « confidentiel » est de bonne pratique.

Il est également important de souligner que l'acheteur se doit également de respecter la confidentialité des éléments qu'il reçoit des fournisseurs. Stratégie et structure de prix ne doivent pas être communiquées à leurs concurrents. Afin de s'assurer d'une communication équitable et contrôlée des informations, il est d'ailleurs recommandé à l'acheteur de privilégier l'écrit à l'oral et de transmettre les mêmes informations à tous à chaque étape.

En tant qu'acteur fortement exposé, il convient de rappeler au service Achats l'importance des règles mises en place par les sociétés. En effet, les chartes de confidentialité existent de plus en plus souvent et définissent les bonnes pratiques. Au-delà des chartes, le service juridique est également un interlocuteur stratégique avec lequel il faut collaborer, notamment lors de la signature de contrats. Les relations tripartites feront d'ailleurs l'objet d'une attention particulière car plus sensibles au dérapage de confidentialité. Ce type de relation sera couvert par un accord de confidentialité tripartite lorsqu'un intervenant est détaché sur site (*via* une SSII par exemple).

S'entendre au préalable sur les principes de confidentialité est donc primordial dans toute relation contractuelle, et ce par le biais d'un accord de confidentialité. Cela permet de définir le cadre et d'éviter tout malentendu en cas de divulgation d'informations.

■ La propriété intellectuelle

L'innovation est le moteur de l'augmentation et de la rentabilité, si toutefois l'entreprise possède ses innovations. En clair, un nouveau produit ou un nouveau service s'élabore avec l'interne et l'externe de l'entreprise. Et la question de savoir à qui appartient l'innovation est clé.

Les bonnes pratiques veulent que l'acheteur verrouille les questions de propriété intellectuelle avec ses fournisseurs. Le champ est large : logiciels, designs de moule, procédés de fabrication, logos, marques, brevets, etc.

> Les points les plus difficiles à traiter sont en général la propriété des plans et le design des pièces coconçues, ainsi que le design des moules de fabrication des produits.

Quelle que soit la nature d'achat, il faut clarifier les propriétés intellectuelles avec ses partenaires.

■ Le délit de marchandage

Les sociétés ont tendance à se recentrer sur leur cœur d'activité et ont de plus en plus recours à l'externalisation. La mise à disposition de salariés pouvant entraîner l'application de dispositions protectrices du droit du travail et remettre en cause l'opération même, il convient de porter une attention particulière à la rédaction des contrats et au mode de fonctionnement, notamment en ce qui concerne le délit de marchandage.

> **Rappel des articles de loi**
>
> - L'article L. 125-3 du Code du travail relatif au prêt de main-d'œuvre stipule que « toute opération à but lucratif ayant pour objet exclusif le prêt de main-d'œuvre est interdite sous peine des sanctions prévues à l'article L. 152-3 dès lors qu'elle n'est pas effectuée dans le cadre des dispositions relatives au travail temporaire ».
> - L'article L. 125-1 concernant le délit de marchandage énonce que « toute opération à but lucratif de fourniture de main-d'œuvre qui a pour effet de causer un préjudice au salarié qu'elle concerne ou d'éluder l'application des dispositions de la loi, de règlement ou de convention ou accord collectif de travail, ou « marchandage », est interdite ».

Le délit de marchandage est aussi encadré par l'article L. 8231-1 du Code du travail qui prohibe toute opération à but lucratif de fourniture de main-d'œuvre qui a pour effet de causer un préjudice au salarié qu'elle concerne ou d'éluder l'application de dispositions légales ou de stipulations d'une convention ou d'un accord collectif du travail. Cette problématique concerne tous les secteurs dans lesquels du personnel additionnel sera mis à disposition. Les prestations intellectuelles doivent donc faire l'objet d'une attention particulière.

De par sa fonction, l'acheteur est fortement exposé et doit s'assurer que les règles de base et autres aspects contractuels sont bien respectés. Il doit donc s'assurer, lors de l'achat de prestations intellectuelles, que la tâche, l'objet du contrat, est nettement définie : livrables concrets, délais, engagement de résultat. Il doit également définir la situation du personnel détaché et son encadrement. En effet, le personnel mis à disposition doit être exclusivement encadré et dirigé par son employeur et doit jouir d'une autonomie par rapport aux autres salariés du client. On tolère néanmoins la coordination de l'activité par le client pour garantir la bonne réalisation de la mission.

Lors de prestation de travaux, il faudra également prêter attention à l'aspect fourniture de matériels. En effet, le personnel mis à disposition viendra par exemple avec sa propre caisse à outils.

La rémunération du prestataire doit être fixée au départ et forfaitairement. Ce prix sera déterminé de manière objective en fonction de l'importance des travaux à réaliser et des délais impartis. Le nombre de salariés utilisés ou le nombre d'heures effectuées ne devront pas apparaître comme unités d'œuvre dans le calcul du forfait. L'idéal pour l'acheteur est bien sûr de négocier un prix global pour une prestation avec obligation de résultat. Cette pratique de forfaitiser plutôt que de facturer au temps passé – comme en régie par exemple – oblige le client et le prestataire à définir un objectif et des résultats concrets et mesurables.

Si ce thème est d'une grande importance aujourd'hui c'est parce que les sanctions sont lourdes. En effet, des sanctions pénales (emprisonnement, amende) et civiles sont encourues. Côté civil, il y aura possibilité pour le salarié « prêté » dans un cadre illicite de solliciter la reconnaissance de l'existence d'un contrat de travail. Afin d'éviter ce genre de situation, mieux vaut donc respecter quelques règles simples.

La dépendance économique, gestion de fait et rupture brutale des relations commerciales

Que ce soit la dépendance d'un fournisseur envers un client ou d'un client envers un fournisseur, la dépendance économique est un risque fort. L'entreprise fait face à deux risques lorsque celle-ci absorbe une trop grande part du chiffre d'affaires d'un fournisseur : la requalification en « gestion de fait » et la rupture qualifiée de « brutale » par la justice des relations commerciales. Le plus difficile est de trouver le juste équilibre, la formule pourrait être : « compter sans peser. »

Les motifs qui peuvent pousser l'acheteur à rompre avec son fournisseur sont nombreux (défaut de qualité, détérioration des relations commerciales, nouvelle stratégie, etc.) Bien que les causes soient justifiées elles ne sont pas forcément juridiquement recevables. Une rupture mal gérée peut coûter très cher à l'acheteur.

Prévenez vos clients internes le plus vite possible

Une fois que la décision de rompre le contrat est prise, l'acheteur doit identifier le lien juridique qui l'unit commercialement à son fournisseur et prévenir son responsable et ses clients internes. Selon la nature du contrat commercial qui le lie à son fournisseur, les conditions de la rupture différeront. D'un côté, l'acheteur doit en informer sa hiérarchie afin d'anticiper les conséquences opérationnelles de la rupture et de prévoir une solution de remplacement. D'un autre coté, le service juridique doit être mis dans la boucle le plus tôt possible afin de vérifier qu'il n'y a pas de contraintes juridiques à la rupture et que les modalités de sortie de contrat ne sont pas contraignantes pour l'une et l'autre partie.

Expliquez clairement les raisons de votre choix

Il convient de communiquer sa décision aux autres clients internes (directions commerciale, technique, industrielle...). L'acheteur doit avoir en tête que ses clients internes n'apprécieraient pas d'apprendre la nouvelle par un tiers ou par le fournisseur lui-même.

Dans un premier temps, l'acheteur annonce sa décision oralement puis la confirme par écrit. Bien qu'il n'y ait pas de règles imposées, le message communiqué devra contenir un maximum d'informations afin d'éviter par la suite toute contestation. Pour que la rupture soit bien vécue de part et d'autre, l'acheteur pourra également démontrer à ses clients internes l'importance d'une telle opportunité pour l'entreprise.

Une fois la décision prise de rompre les relations commerciales il faut compter un délai de transition.

En conservant de bonnes relations avec son fournisseur, l'acheteur se place en position avantageuse pour que la rupture se fasse dans les meilleures conditions. C'est du donnant-donnant. Si l'acheteur accepte d'aider son fournisseur ce dernier doit se montrer enclin à lui faciliter la passation.

Négociez la rupture

La durée de préavis peut être fixée par le contrat ou la loi ; elle reste toutefois négociable. En revanche, le refus d'effectuer le préavis pourrait se solder par le versement de la part de l'acheteur d'une indemnité pour rupture abusive de contrat.

Dans le cadre d'une rupture d'un contrat commercial, la première question à se poser consiste à savoir si le contrat comporte une clause de tacite reconduction ou de renouvellement.

> Plus la dépendance est forte et la durée des relations commerciale longue, plus la période de préavis devra être étendue.

Si le contrat expire à son échéance, il est le plus souvent prévu qu'il se renouvellera automatiquement. Pour s'opposer à cette reconduction, l'acheteur doit notifier sa demande selon les formes prescrites et dans le délai de préavis stipulé dans la clause correspondante du contrat.

Si la rupture est envisagée alors même qu'il n'est plus temps de dénoncer l'accord, l'acheteur se trouvera lié pour une période de renouvellement dont il ne pourra sortir qu'en attendant la prochaine échéance. Il faut donc faire attention au manque d'anticipation. L'acheteur doit veiller à bien vérifier le délai de dénonciation.

Qu'elle soit ou non prévue dans le contrat, la lettre recommandée avec accusé de réception s'impose, c'est une question de forme. Elle permet d'acter à la bonne date d'une volonté non équivoque de dénonciation. Ce courrier doit être expédié à l'avance pour que le fournisseur bénéficie du préavis convenu.

L'acheteur peut également s'orienter vers une rupture pour faute avec, au final, une transaction difficile et/ou un mauvais procès.

Une clause de résiliation peut en effet permettre de sanctionner le comportement fautif d'une partie en permettant à son cocontractant de se libérer par avance, et sans recours au juge, d'un accord qui n'est plus respecté. La faute du fournisseur peut être l'opportunité inespérée d'une rupture que l'on ne savait pas comment engager. Mais une faute bénigne ne saurait suffire. La résiliation pour faute injustifiée ou légère pourra, de ce fait, s'avérer abusive et engager la responsabilité de l'acheteur.

Le contrat est un élément important des relations commerciales c'est pourquoi sa rupture ne doit pas être prise à la légère. Il est dans l'intérêt, et de l'acheteur et du fournisseur, de partir « sans casse » et d'assurer le passage de relais.

Les risques d'image

■ L'image de marque

Les exemples sont nombreux de sociétés dont le nom est associé à une autre pour gagner en notoriété. A contrario, on trouve tout autant de sociétés dont les scandales d'un partenaire ou fournisseur ont terni l'image. Elles se retrouvent à la une des émissions de télévision pour une publicité dont elles se seraient bien passées.

Et pour ne citer que trois exemples marquants :

- Vanter la puissance de son ordinateur car il contient un microprocesseur d'une marque plus réputée.

- Acheter dans certains pays à bas coût où la législation est moins stricte sur les droits de l'homme et de l'enfant.

- Avoir son nom associé à une filière d'approvisionnement non fiable en grande distribution.

Les exemples sont légion, et sauf à intégrer ce paramètre dans le processus de choix fournisseur sur des catégories critiques, il n'y a qu'une seule règle: celle de la prudence quand il s'agit d'économiser quelques euros face à un risque important.

Il faut donc ajouter ce risque dans l'analyse du portefeuille Achats et le reporter dans la matrice des risques évoquée précédemment.

■ La corruption et l'entente

Le Code pénal définit la corruption passive comme le fait d'« une personne dépositaire de l'autorité publique [...] de solliciter ou d'agréer, sans droit, directement ou indirectement, des offres, des promesses, des dons, des présents ou des avantages quelconques [...] pour accomplir ou s'abstenir d'accomplir un acte de sa fonction, de sa mission ou de son mandat ou facilité par sa fonction, sa mission ou son mandat ».

L'acheteur a eu parfois, dans le passé, une réputation sulfureuse. Bien des anecdotes ont couru sur les acheteurs qui profitaient des fournisseurs en se faisant inviter au restaurant, en week-end ou qui recevaient des cadeaux. Cela a certes existé. Et des professionnels corrompus, il y en a, et en aura encore malheureusement mais tant dans les rangs des acheteurs que parmi les autres acteurs de l'entreprise. La vérité est que cette fonction est souvent jalousée car elle est une fonction de représentation et perçue fréquemment comme une fonction de pouvoir : celui d'apparaître en tant que décideur face aux fournisseurs. Les clients internes et les prescripteurs aiment à négocier par eux-mêmes. La négociation et la relation client-fournisseur peuvent donner un sentiment de pouvoir. Sentiment que le fournisseur courtise forcément.

Plutôt qu'à l'acheteur, le vendeur préfère s'adresser au client interne, c'est-à-dire le prescripteur technique pour qui le prix et le coût ne sont pas la priorité. Le client interne n'ira pas jusqu'au conflit. Le client interne est aussi celui qui a un budget à dépenser. L'acheteur, quant à lui, doit aller le plus loin possible dans la négociation ; c'est une des conditions pour obtenir ses résultats. L'acheteur est souvent perçu – en interne comme en externe – comme « un empêcheur de tourner en rond », comme un « perturbateur ».

Avoir un process Achats structuré, avec des tâches définies entre prescripteur et acheteur, permet de limiter le risque de corruption. Il est évident que les résultats obtenus à l'issue d'une négociation par l'acheteur sont meilleurs que ceux obtenus par le client interne.

> Un vendeur préfère récompenser ceux qui le paient plutôt que ceux qui lui demandent de faire des concessions : cette vérité est souvent ignorée dans les entreprises par les services d'audit.

La charte éthique (cf. le § suivant) ne doit pas être signée que par les acheteurs.

Dans un processus Achats, avec au moins deux parties impliquées de manière systématique, le risque de corruption est plus faible :

- l'acheteur ne peut pas imposer un fournisseur, il doit justifier sa préconisation et son choix selon des critères et des arguments objectifs et vérifiables ;
- le client interne ne peut pas aller à l'encontre de la préconisation et du choix de l'acheteur sans de solides arguments, objectifs et vérifiables.

C'est parce que l'on ne doit pas être juge et partie que l'acheteur prend pleinement son rôle d'arbitre et de garant d'une relation saine dépourvue de corruption. Le client, détenteur du budget, ne pourra pas choisir de façon subjective sur la base de critères opaques, mais devra se conformer à la méthodologie Achats qui garantit une objectivité dans le choix.

Les deux parties choisissent en commun.

■ La charte éthique

La mise en place, la diffusion et le respect d'une charte éthique fournisseurs est un outil complémentaire de l'alignement des Achats sur la stratégie de l'entreprise.

La charte éthique ou déontologique, lorsqu'elle existe dans l'entreprise, traduit sa volonté de faire connaître ses valeurs et de les développer. Elle s'adresse aussi bien aux salariés qu'aux clients, fournisseurs et actionnaires. Elle constitue un outil de communication très complet et intéressant, à condition d'être simple, compréhensible et cohérente.

Les Achats doivent se servir de l'opportunité de mettre en place une charte éthique fournisseurs pour limiter les risques d'image, de corruption, de manque de transparence ou encore de discrimination, et pour donner aux fournisseurs des règles écrites déontologiques de leur relation.

La charte éthique fournisseurs permet – entre autres – de définir les règles et de garantir :

- la sélection impartiale des fournisseurs ;
- une remise en cause régulière des marchés ;
- une équité de traitement des différents fournisseurs ;
- une méthodologie de sélection des fournisseurs (critères de choix/pondération) et de leur notation objective et transparente ;
- une relation fondée sur le professionnalisme, et dénuée de toute ambiguïté ou favoritisme.

C'est dans cette charte que les règles ayant trait aux cadeaux, aux invitations, pourront être clairement établies. L'entreprise pourra définir ce qu'elle accepte et dans quelles limites, et au-delà de quoi elle considère la pratique condamnable. Le fournisseur, quant à lui, s'il décide de ne pas respecter les règles et limites posées, prend le risque de perdre le marché et son client. À cette charte, on peut ajouter aisément les notions de développement durable car la thématique est centrale dans la pérennité de la relation fournisseur.

La charte déontologique a pour vocation d'être un guide du comportement dans l'exercice de l'activité professionnelle. Son respect doit aider chacun à rester honnête à l'égard de lui-même et de son entreprise, équitable envers tous les tiers, et à être efficace dans la conduite des affaires confiées.

Les risques d'achat dans les pays à bas coûts

Travailler en collaboration avec les pays « en zone à bas coûts » représente un concentré des risques que nous avons développés ci-dessus, mais aussi de nombreux risques complémentaires.

Il y a tout d'abord le risque financier. Le système économique des pays à bas coûts reste encore très fragile, et cela paradoxalement aux forts chiffres de croissance publiés. En effet, la plupart des investissements, notamment en Chine, sont financés par d'importants emprunts bancaires. En dépit d'une hausse continue de la croissance ces dernières années, les entreprises au sein des pays à bas coûts sont souvent très endettées et sans réserve de trésorerie. Et le moindre aléa les oblige à fermer leurs portes, les clients de ces fournisseurs se trouvant alors souvent pris au piège en plein contrat. Ce risque est d'autant plus important qu'il est difficile d'avoir une visibilité réelle sur la situation financière des fournisseurs dans ces zones. Les règles de publication financière de transparence ainsi que les lois et réglementations sont différentes de celles que nous pratiquons.

Il y a les risques géopolitiques liés à des régimes politiques instables ou jeunes. Régimes qui peuvent interdire du jour au lendemain à un fournisseur de travailler avec un client occidental.

On notera les risques culturels, liés à tout ce que les écarts de culture et de compréhension peuvent générer.

Les risques éthiques, de développement durable, et les risques d'image mentionnés précédemment sont accrus pour l'entreprise dans ces pays à bas coûts. Il faut vérifier que les prix pratiqués ne sont pas faits au détriment de certaines règles relatives notamment à l'éthique. En effet, il est courant dans ce type de pays d'avoir recours à des pratiques proscrites dans nos pays occidentaux et contraires à l'Organisation internationale du travail (OIT), telles que :

- faire travailler des enfants en bas âge ;
- avoir recours à différentes formes de travail forcé ou obligatoire ;
- faire travailler les employés dans des conditions de travail ne respectant pas la santé ou la sécurité sur les lieux de travail ;
- ne pas respecter l'environnement lors de la conception, la fabrication, l'usage, la destruction ou du recyclage de produits conformément à la législation environnementale internationale.

Pour limiter l'ensemble de ces risques, il est essentiel que l'acheteur visite les sites de production de ses fournisseurs de façon très régulière. Il doit se rendre compte par lui-même de l'état des installations, des ateliers, de leur propreté, des conditions de travail des ouvriers et de tous les éléments qui peuvent générer les risques que nous avons cités. Le fournisseur sera ainsi enclin à un respect plus strict de ses engagements et de ses exigences éthiques.

En outre, il est conseillé de réaliser un audit fréquent des clauses du contrat qui lie les sociétés. Le contrat doit mentionner les points d'audit suivants : le non-respect des règles d'éthique et de développement durable et la définition précise des conséquences relatives à chaque manquement révélé par l'audit. L'audit est en général mené par un cabinet indépendant.

Chapitre 4

Améliorer le cash

Il faudrait sans doute distinguer la génération de trésorerie et l'immobilisation de la trésorerie. Mais pour les experts financiers que nous ne sommes pas, nous nous limiterons à parler d'immobilisation ou de consommation de trésorerie que nous appellerons le « cash ».

La solidité d'une entreprise est mesurée, entre autres, par son taux d'endettement et sa capacité à générer du cash plutôt qu'à avoir un Earning Before Interest and Taxes (EBIT) maximal. On entend souvent que lorsque les temps sont durs, seule compte la génération de cash : « When time is tough, cash is king ». Une entreprise qui ne parvient pas à augmenter ses ventes, ni sa marge, peut malgré tout avoir une très belle performance grâce à la génération de cash.

> La génération de cash est tellement importante qu'elle est la clause de garantie (ou « *covenant* » en anglais) numéro 1 liée à tous les prêts bancaires.

Les Achats sont en première ligne, une fois encore, sur la génération de cash. Notre problématique est de réduire l'utilisation du capital de l'entreprise pour travailler avec les fournisseurs et d'avoir en permanence un maximum de cash. Le tout dans le parfait respect des lois en vigueur.

Pour générer du cash, outre l'EBIT, les paramètres à maîtriser sont :
- les dettes fournisseurs (*account payable*) ;
- les acomptes aux fournisseurs (*downpayment*) ;
- les stocks matière (*incoming raw material*) ;
- le paiement des clients (*account receivable*).

Mais également pour les investissements : la location (en non-achat) d'actifs.

Exemple

Dans l'exemple, nous convertissons les euros du bilan comptable en jours de chiffre d'affaires de l'entreprise.

Situation initiale de l'entreprise :
- dette fournisseurs équivalente à 15 jours de chiffre d'affaires (ou à 30 jours d'achat) ;
- acompte fournisseurs équivalent à 5 jours de chiffre d'affaires ;
- stock matière équivalent à 30 jours de chiffre d'affaires ;
- retard paiement client équivalent à 20 jours de chiffre d'affaires.

Plan d'action :
- multiplier par 2 les délais de paiement aux fournisseurs ;
- interdire le versement d'acompte aux fournisseurs ;
- diviser par 2 les stocks entrants ;
- diviser par 2 les retards de paiement clients.

Résultat : un gain en euros équivalent à 35 jours de chiffre d'affaires !

en jours de chiffre d'affaires	Avant		Après
Dettes fournisseurs	15	× 2	30
Acompte fournisseurs	5	Éliminer	–
Stocks matières premières	– 30	÷ 2	– 15
Retard paiement client	– 20	÷ 2	– 10
Cash	**– 30**		**5**

L'entreprise est passée d'une situation où 30 jours de son chiffre d'affaires servaient à financer son fonctionnement, à une situation où les délais de paiement fournisseurs financent l'entreprise.

Nous voyons clairement à travers cet exemple les trois axes principaux pour les acheteurs pour améliorer le cash :
- faire payer les clients plus vite ;
- réduire les stocks ;
- payer les fournisseurs plus tard.

Trois axes auxquels s'ajoute la location plutôt que l'achat pour les investissements.

L'exemple présenté ci-dessus est réalisable en deux ans dans un marché industriel classique. Gagner l'équivalent de trente-cinq jours de chiffre d'affaires a une conséquence importante sur l'endettement de l'entreprise.

Le schéma est poussé à son paroxysme dans la grande distribution. L'entreprise paie des fournisseurs à soixante jours mais est payée par ses clients immédiatement. Elle ne gagne pas d'argent sur ses opérations mais gagne de l'argent en prêtant son excès de cash.

Dans un rapport de force déséquilibré en faveur des clients, les fournisseurs peuvent « être étranglés » par leur client jusqu'au dépôt de bilan. Cela a conduit la France, puis les autres pays européens, à légiférer sur ce thème.

La contribution des acheteurs aux paiements des clients

La mission de l'acheteur n'est pas d'être en contact avec le client, ni de faire appliquer les contrats clients.

Pour autant, de nombreux litiges clients ont pour source une défaillance qualité ou logistique d'origine fournisseurs. Aussi les acheteurs, avec les qualiticiens et la logistique, devront faire preuve d'une grande réactivité pour traiter les litiges qui ont une répercussion sur le client. Dans ces litiges, on notera l'impact de l'aspect documentaire. Le refus des dossiers de conformité qualité, qui sont de plus en plus exigés avec les pièces, est souvent une raison de ne pas payer son fournisseur.

Il arrive également que les fournisseurs soient en contact avec les clients pour des livraisons directes.

Les Achats devront donc mettre en place des instances de résolution de problème fournisseur et traiter en priorité les problèmes avec un impact client. En plus d'obtenir le paiement dû, c'est la satisfaction du client qui prime.

Réduction des stocks

Comment réduire le niveau des stocks ? Une analyse de la typologie des stocks est à mettre en œuvre dans l'entreprise pour définir les actions de réduction associées :

- Les obsolètes, stocks dépréciés et stocks sans besoin sont à éliminer. Ils peuvent peser lourd dans le bilan. Ils sont amortis partiellement ou en totalité en comptabilité. En fonction, procéder à leur élimination entraînera une perte dans le compte de résultat à la hauteur de leur valeur résiduelle. La meilleure solution est de pouvoir les revendre. Attention, car même les stocks sans valeur comptable continuent de peser dans les comptes en frais de gestion et de stockage !

- Les produits à grande rotation de stock et forte valeur : trouver l'optimum entre le coût et la fréquence de livraison. Si les prévisions de consommation sont fiables, il faut mettre en place la livraison juste-à-temps en bord de chaîne.
- Les produits à faible rotation (ou « *slow runners* ») : faire financer les stocks par les fournisseurs.
- Les pièces de faible valeur : mettre en place des *kanbans* avec un prestataire logistique performant.

L'acheteur, dès la conception des produits, joue un rôle important dans chaque cas. Nous allons voir, en remontant la chaîne de la valeur depuis l'aval, que les choix faits à la genèse d'un produit ont un impact tout au long de son cycle de vie. Il faut les prendre en compte en phase projet, car une fois les flux mis en place il est coûteux de les modifier.

■ Acheter des fonctions

Acheter des produits finis ou des « semi-finis » permet de réduire les stocks d'encours.

Exemple

> Le produit fini est composé de deux articles achetés. Les délais d'approvisionnement de ces articles et les minimums de commandes ne sont pas semblables. Les différences de délais tout comme les différences de minimums de commandes vont inévitablement conduire à avoir en permanence un stock non nul de composants. Le délai d'assemblage est aussi générateur d'un stock d'encours.

Au-delà de ce simple effet mécanique, les investissements et les frais fixes de production augmentent. Acheter des systèmes plus complets permet de simplifier l'équation et de baisser le besoin d'encours.

L'impact de la politique commerciale

Les délais de vente négociés (ou imposés) avec les clients dictent un modèle de fabrication : l'entreprise fabrique à la commande *(make to order)* ou pour stocker *(make to stock)*. La politique commerciale et le choix d'un taux de service client cible impliqueront la mise en place de stocks et de délais de sécurité. La qualité des prévisions commerciales – que ce soit en quantité ou en mix produit – aura aussi un impact direct sur les stocks.

Pour ce qui est de la distribution et de la vente par correspondance qui explose avec Internet, déporter les stocks chez les fournisseurs est un enjeu fondamental. Cela permet de réduire les ruptures de stocks mais également de limiter les surfaces de stockage et les immobilisations de trésorerie. Les produits volumineux seront laissés en stock chez les fabricants avec des livraisons directes vers le client final à partir du stock fabricant ; seuls les produits à forte rotation sont stockés par le distributeur.

De nombreux projets ont des durées de vie courtes, une saisonnalité, font l'objet de promotions, ou encore sont liés à un événement (la chaleur de l'été, Noël, les jeux Olympiques, le buzz du moment). Les risques d'invendus et d'obsolescence des gammes sont alors importants. Comment limiter l'impact des contraintes imposées par les fournisseurs pour gagner en agilité ?

Les deux paramètres majeurs sont les délais du fournisseur et les minimums de commandes. Pour minimiser l'impact pour la société, il faut aligner ces paramètres fournisseurs sur les paramètres clients.

- Les délais du fournisseur, pour le développement, les échantillons, les tests, la production et de livraison sont-ils compatibles avec les contraintes commerciales ? Et au final, le planning permet-il d'avoir des produits sur le marché au moment nécessaire ?

- Les minimums de commandes des produits sont-ils ajustés avec les ventes ? La « marketisation » des produits ou la production de série « spéciale » est souvent l'opposé de la standardisation. Les effets néfastes de la « déstandardisation » sont nombreux. Elle augmente :
  – les variantes de stocks, et donc les stocks ;
  – les risques de stocks de produits obsolètes ;

– les coûts et complexifie la production pour gérer les différentes variantes ;
– les risques qualité ;
– les coûts de packaging.

A contrario, les délais fournisseurs sont assez courts, il faut gérer ces articles à la commande.

C'est seulement si l'acheteur a anticipé les besoins par un sourcing efficace prenant en compte les exigences du marketing qu'il pourra faire des propositions pertinentes et, pourquoi pas, influencer la politique commerciale.

■ L'impact de la conception produit et processus

Outre l'aspect marketing, l'acheteur va travailler également avec le département R&D. Les équipes, associant les méthodes industrielles, vont travailler dans une démarche de coût complet d'acquisition, pour au contraire œuvrer à la standardisation, la modularité, aux process des fournisseurs pour les adapter aux volumes à produire.

Une démarche de standardisation permet d'avoir de nombreuses pièces communes et des sous-ensembles communs. L'idée est de standardiser les fonctions internes des produits, celles qui ne se voient pas, mais de pouvoir personnaliser les produits par leur design. La structure des produits doit permettre une différenciation et une personnalisation des produits au plus tard pour avoir des stocks de produits semi-finis standards et donc minimaux.

Exemple

> Si les Abribus peuvent être de formes et de couleurs différentes, l'acier et le diamètre des poteaux de l'Abribus peuvent être identiques ; ce qui permet d'acheter une même et seule référence de poteau en acier, et par conséquent de globaliser les volumes et de n'avoir qu'une référence en stock.

Externaliser la production permet de supprimer totalement le stock d'encours. Acheter des fonctions, des sous-ensembles réduit le temps d'assemblage (*Through Put Time*). Il faut bannir absolument la sous-traitance : les opérations ne sont pas maîtrisées par l'entreprise mais les pièces et semi-finis sont dans ses stocks.

La mise en place de *kanbans* (ou double bac) pour des produits peu volumineux, de faible valeur et dont les quantités sont relativement stables est également une solution qui limite l'encours à deux « bacs ». Les produits sont stockés en bord de ligne dans deux « bacs », l'opérateur pioche dans l'une des deux, l'autre constitue la sécurité qui est réapprovisionnée régulièrement.

Exemples de coûts en fonction du procédé d'obtention

> ✓ La pièce de tôle : découpée au laser et pliée en commande numérique, une découpe est obtenue avec un outil de forme puis un outil de pliage, ou encore directement obtenue par un outil à suivre.
> ✓ La pièce de fonderie : obtenue par usinage d'un bloc ou par moulage.
> ✓ La fonction électronique : obtenue par un assemblage composants ou par la création d'un *Application Specific Integrated Circuit* (ASIC), littéralement « circuit intégré propre à une application ».
> L'intérêt de l'intégration des opérations de production (dans l'outil à suivre, l'outil de moulage ou la création d'un ASIC, et il y a d'autres exemples) est de réduire les coûts de production et d'augmenter la fiabilité. Mais les coûts fixes, les délais et les minimums de quantités augmentent.

■ La contractualisation

L'acheteur devra négocier deux paramètres importants : l'Incoterm et la quantité commandée.

La première question est de définir l'Incoterm standard avec lequel l'entreprise veut travailler. Si les stocks doivent être au maximum portés par les fournisseurs, on privilégiera le *Delivery Duties Paid* (DDP) ou le *Delivery At Place* (DAP). En complément et afin que l'entreprise ne porte aucun stock de matière première, elle le supprimera à l'entrée du magasin. Et le fournisseur livrera sur la ligne de production en juste-à-temps.

Il faut ensuite optimiser le minimum de commandes (Minimum Order Quantity) : le minimum de pièces par commande. Ce paramètre est directement lié à la fréquence de livraison, et donc au coût de la pièce et de sa livraison. L'optimum étant de négocier, outre la livraison juste-à-temps, la quantité de pièces juste nécessaire pour le lot de fabrication.

Pour pallier les aléas des besoins de production, le fournisseur devra mettre en place un magasin avancé aux abords de l'usine de son client. Une autre option consiste à mettre en place un stock dit de « consignation fournisseur » chez son client. Les pièces sont physiquement chez le client mais restent dans les comptes du fournisseur jusqu'à l'entrée dans l'atelier. Ce mode de fonctionnement est laborieux à mettre en place. Il faut traiter les problèmes juridiques de transfert des risques et de propriété, de reprise en cas de sous-consommation, la gestion des stocks physiques et la paramétrisation dans l'ERP. Ce stock peut être physiquement géré par le fournisseur ; on parle alors de VMI (*Vendor Managed Inventory*). En revanche, une fois implémenté, il est facilement duplicable. Les matières premières (aciers, aluminium, etc.) seront stockées par le transformateur qui les utilise mais seront dans les stocks du fournisseur, régis par un contrat cadre négocié afin d'assurer la maîtrise des prix et des conditions commerciales.

Le principe d'un tel contrat est le suivant :
- l'acheteur envoie des prévisions ;
- le fournisseur, sur la base de ces prévisions, anticipe ses approvisionnements et ses fabrications ;
- le fournisseur maintient le stock de matière, d'encours et de produits finis adéquat pour pouvoir livrer dans le délai court convenu.

Le fournisseur pourra organiser sa production et ses livraisons en fonction de ses propres *leadtime* pour tenir les contraintes client : soit il stocke des produits finis chez lui, en stock avancé ou en stock de consignation, soit il stocke des produits semi-finis qu'il termine sur des lignes de production suffisamment flexibles pour tenir les délais imposés.

Ce mode de fonctionnement n'est valable qu'avec des produits au design stabilisé. En cas d'arrêt ou de modification, il ne faut pas avoir à reprendre tout le stock. L'acheteur veillera à ce que la clause de reprise des stocks soit limitative pour que le fournisseur ne mette pas en place de sur-stocks. Il expliquera que le but n'est pas le report du stock du client chez le fournisseur mais une optimisation complète de la chaîne de valeur.

Il faut convaincre le fournisseur de son propre intérêt à mettre en place ces méthodes de production « lean » de flux tiré dans sa propre usine. Une première raison réside dans les gains en performance opérationnelle : le fournisseur gagnera en efficacité et en efficience (dont il fera ensuite profiter son client). Mais surtout, ce mode de fonctionnement nécessite un contrat cadre (donc une relation privilégiée avec le client) et une vision moyen-long terme de ses besoins.

▪ La performance fournisseur

Un fournisseur qui ne livre pas à l'heure ou avec la qualité requise, désorganise la production. Cela a une conséquence directe sur les stocks : l'augmentation de l'encours et de la matière. Le produit ne peut être fini. Et toute la matière livrée à l'heure ne peut être utilisée à cause du composant manquant.

Avant d'engager une action de réduction des stocks, il faut s'assurer d'un taux de service d'au moins 90 % (On Time Delivery) à zéro jour, faute d'avoir à « faire le pompier » sur des arrêts de la chaîne de production. L'amélioration de la performance des fournisseurs est nécessaire pour tendre les flux.

La performance logistique du fournisseur se pilote et se prépare – tout comme sa performance qualité – aux différentes étapes de la relation (*supplier management*) :

- au moment de l'évaluation initiale avec un questionnaire spécifique pour la logistique, au moment du Request For Information (RFI ou questionnaire d'évaluation) ;
- lors des audits système et process menés chez le fournisseur (une partie de l'audit doit être menée par des logisticiens) ;
- lors de l'envoi des premiers échantillons et préséries qui doivent s'effectuer dans les conditions logistiques normales et faire l'objet d'un rapport spécifique de conformité ;
- et tout au long de la vie série avec un système de rapport d'incidents, de rapport de performance et de plans d'actions.

Au cours du développement de produit, l'acheteur et le fournisseur définiront les outils de mesure de la performance.

Ils comprendront en particulier :
- la définition précise du taux de service ou On Time Delivery, le client pouvant avoir une tolérance plus ou moins grande pour accepter une livraison (de l'heure en juste-à-temps dans l'automobile à plusieurs jours dans des industries moins matures) ;
- le nombre de lignes en retard et la profondeur de retard (en nombre de jours) ;
- la réactivité en cas d'incidents et la revue des plans de progrès mensuelle.

En parallèle, de ce mode de fonctionnement, au contrat, il faudra également définir les pénalités de retard en cas de mauvaise performance.

Réduire les immobilisations : louer ou acheter

■ Plusieurs types de location

Location simple

Dans la location simple un acteur économique s'engage, moyennant un loyer, à procurer à un autre acteur économique la jouissance d'un bien pendant un certain temps. La seconde partie s'engage contractuellement à payer le loyer. On peut parler également de contrat de bail. Le « locataire » désigne celui qui bénéficie du bail. Celui qui le concède est le « loueur » ou le « bailleur ». Les clauses principales d'un contrat de bail sont :
- la désignation des parties ;
- la désignation et la description du bien, notamment de l'état dans lequel il est mis en location, neuf ou d'occasion ;
- le montant du loyer ou son mode de fixation et d'ajustement ;
- l'utilisation du bien ;
- le montant du dépôt de garantie ;
- la durée du bail.
- les responsabilités et l'éventuelle assurance ;
- les conditions de sortie anticipée ou pour faute.

Location longue durée (LLD)

La location longue durée se différencie de la location simple par les engagements que prend le loueur, en plus du fait de laisser la simple jouissance du bien au locataire.

Selon les cas, le loueur s'engage par exemple à maintenir (cas du matériel informatique) ou à entretenir (cas des véhicules).

Exemple

> Dans le cas des véhicules, il existe de nombreuses options ou services à négocier : le paiement des assurances, des vignettes, des charges liées à l'entretien préventif, à l'entretien curatif, le montant de la valeur résiduelle du véhicule, le remplacement du véhicule en cas de panne prolongée, les situations qui donneront lieu à facturation lors de la restitution du véhicule en fin de location, etc.

Un autre aspect important pour les entreprises d'une certaine taille est la délégation complète de la flotte au loueur qui assure le suivi régulier à l'aide d'indicateurs, et transmet à intervalles prédéfinis un reporting complet sur l'état de la flotte et sur son coût.

Les loueurs LLD proposent donc un service complet en contrepartie duquel ils perçoivent un loyer « complet » comprenant toutes les prestations contractuelles.

On différencie la location longue durée (LLD) de la location avec option d'achat (LOA). Dans cette dernière, le contrat est identique excepté le fait que le locataire peut acquérir le matériel pour une somme déterminée à l'avance à l'issue d'une période fixée contractuellement qui correspond souvent à la période d'amortissement du bien.

Crédit-bail

Il s'agit en fait de sous-traitance dans l'achat de biens et la gestion de prêts. L'entreprise ayant besoin d'un bien, en formule la demande auprès d'une société dite de crédit-bail, qui devient propriétaire du matériel déterminé. Cette société de crédit-bail loue, comme en LLD, l'équipement pendant une période correspondant le plus souvent à la durée de vie économique du produit, à un taux d'intérêt fixé que l'on appelle dans ce cas un loyer ou une redevance.

À l'issue de la durée fixée, le locataire peut acquérir le matériel pour une somme fixée à l'avance. Le crédit-bail est régi par l'article L 313-7 du Code monétaire et financier. Un fournisseur et un organisme financier sont généralement associés dans l'opération ; l'acheteur doit négocier les conditions liées au produit et les conditions financières. Il peut choisir l'organisme financier indépendamment du fournisseur.

Avantages et inconvénients de la location

Les achats de voitures utilitaires et de fonction ainsi que le parc informatique sont les deux postes où la location est le plus fréquemment utilisée. Nous étudierons les avantages et inconvénients avec l'exemple des véhicules mais la logique et les thèmes restent les mêmes pour toutes les natures d'achats, y compris l'immobilier. Pour les voitures et le parc informatique, les avantages sont bien plus nombreux que les inconvénients.

Cas des véhicules utilitaires et de fonction

Un mode de gestion synonyme de tranquillité

Tous les risques liés au véhicule et à son utilisation sont transférés chez le loueur : dépréciation, coûts de maintenance, assistance, évolution des primes d'assurance...

L'entreprise peut se recentrer sur son activité

L'entreprise ne perd plus de temps à acheter, à gérer et à revendre les véhicules. Ces opérations sont assurées par un loueur qui détient tout le savoir-faire pour les mener à bien dans les meilleures conditions. L'entreprise peut alors se concentrer davantage sur ses activités productives. Un gestionnaire de flotte est cependant requis pour entretenir la relation avec le loueur d'une part, et celle avec les constructeurs automobiles d'autre part dans le cas de grosses flottes. L'entreprise négocie de meilleures remises auprès des constructeurs que le loueur lorsque sa flotte est importante.

L'entreprise préserve sa capacité de financement

Les capitaux propres d'une entreprise sont précieux et doivent financer en priorité les investissements productifs. Contrairement à l'achat sur fonds propres ou par le biais d'un crédit classique, la LLD n'a pas d'incidence sur la structure du bilan.

Les dépenses sont budgétées avec précision

Un loyer fixe, connu d'avance, est établi en fonction des différentes options souscrites. Il n'y a dès lors plus de surprise et les résultats du futur poste automobile sont aisément prévisibles. Il faut néanmoins veiller à surveiller les coûts de restitution des véhicules car ils peuvent être élevés s'ils ne sont pas correctement négociés, et si certains points sur le véhicule ne sont pas changés ou réparés avant sa restitution.

Enfin, entre le contrat souscrit qui fixe, entre autres, la durée de la location et le kilométrage effectué par le véhicule lors de la restitution, et la réalité de ces deux données en fin de contrat, il peut y avoir des écarts et donc des surcoûts. Il est par conséquent important d'avoir un gestionnaire de flotte qui va, par exemple, échanger le véhicule d'une personne qui roule trop avec le véhicule d'une autre personne qui ne roule pas assez par rapport aux prévisions ayant fixé les durées et kilométrages initiaux servant de base aux contrats. Il peut également revoir un contrat en cours de vie sans attendre son échéance. Ainsi, dans le cas d'un conducteur qui roule plus que prévu, on peut réduire la durée du contrat et éviter des surcoûts liés aux kilométrages supplémentaires.

Une grande souplesse et modularité

Les professionnels de la LLD mettent à disposition de leurs clients de nombreux services modulables et leur permettent de bénéficier d'un renouvellement périodique de leurs véhicules.

La réduction significative de certains coûts salariaux

De l'ensemble des personnels dédiés à la gestion de la flotte automobile, l'externalisation permet de ne conserver que le gestionnaire de flotte, c'est-à-dire l'acheteur en charge de la relation avec le fournisseur loueur et les constructeurs. Il sera également de son initiative de proposer et réfléchir à la *car policy*, en collaboration avec la direction des Ressources humaines, qui fixe la typologie et les marques de véhicules disponibles selon le niveau et les fonctions des salariés qui vont les utiliser.

L'élaboration de plans d'action avec le loueur

Le loueur est un spécialiste du domaine qui peut accompagner l'entreprise pour mettre au point des actions dans le sens de la prévention routière et des économies d'énergie.

Tableau 7 – Avantages et inconvénients achat/location

	Avantages	Inconvénients
ACHAT	• Contrôle de l'entretien des véhicules. • Véhicules fiscalement amortissables. • Maîtrise complète de l'achat (type de véhicule, marque…).	• Investissement financier considérable. • Investissements potentiellement improductifs. • Vieillissement et perte de valeur rapide des véhicules. • Risque de dérive des indemnités kilométriques. • Gestion de fin de vie des véhicules et de leur revente. • Image extérieure moins positive de la flotte, qui est souvent plus ancienne et moins performante que la flotte louée.
LOCATION	• Véhicules suivis et qui restent à jour en permanence. • Analyse des coûts réels de fonctionnement très fiable. • Montant de l'investissement raisonnable au début. • *Reporting* précis par le loueur. • Clarté et transparence pour l'entreprise sur le plan comptable et sur le plan fiscal. • Maîtrise de la qualité d'un parc vecteur de bonne image pour l'entreprise. • Meilleure sécurité, et absence de soucis pratiques pour le salarié, par l'utilisation de véhicules récents et bien entretenus.	• Au final, solution potentiellement plus coûteuse que l'achat. • Gestion des restitutions des véhicules.

Voici la liste des questions à se poser pour opter pour l'achat ou la location :

- S'agit-il d'un leasing opérationnel ou financier ?
- Une option d'achat est-elle prévue à l'issue de la période de location ?
- Quelle est la durée du contrat de location ? Quels seront mes engagements ?
- L'équipement doit-il encore être assuré ?
- Dans quelle mesure mon besoin peut-il évoluer ? Le contrat de location peut-il être étendu et modifié ?
- Quelles ressources sont nécessaires pour gérer le parc ou le contrat ?
- À quelles conditions une résiliation anticipée est-elle soumise ?

Cas des locaux de l'entreprise

L'acquisition des locaux pose des questions financières, juridiques et fiscales :

- Financières, car cette opération suppose le plus souvent un financement dont le coût doit être supportable par l'entreprise ou, éventuellement, le dirigeant dans le cas d'une TPE. La rentabilité de l'opération dépend alors des taux d'emprunt et du marché immobilier de bureau.

- Juridiques, car il n'y a pas un mais plusieurs modes d'acquisition : en direct ou *via* une société civile immobilière (SCI), avec inscription des murs à l'actif professionnel ou, au contraire, conservation des murs dans le patrimoine privé.

- Fiscales, car les incidences ne sont pas les mêmes selon le mode d'acquisition choisi. L'achat de locaux neufs ou anciens, par exemple, entraîne des différences de coût au regard des droits de mutation : régime de la TVA immobilière pour les locaux neufs, ou des droits d'enregistrement pour les locaux anciens.

Dans tous les cas, l'achat des murs professionnels évite les contraintes relatives au bail commercial et assure une meilleure stabilité de l'activité professionnelle, donc une sécurité plus grande. En outre, dès lors que l'achat est financé par un emprunt à taux fixe, on peut déterminer avec précision le coût de l'investissement.

> L'achat impose de connaître le développement et les effectifs de l'entreprise plusieurs années à l'avance, car les frais de mobilité sont très élevés.

Dans le cas de la location des locaux, il n'est pas possible de connaître exactement le coût de la dépense associée, puisqu'un loyer commercial peut augmenter dans des proportions très variables au fil des années. En revanche, louer les locaux permet de préserver une plus grande mobilité professionnelle, notamment pour les petites entreprises en développement.

L'acquisition peut être faite par le dirigeant de l'entreprise dans le but de louer les murs à l'entreprise, il s'agit d'une opération patrimoniale qui permet avant tout de capitaliser un actif et de se constituer un patrimoine immobilier, qui pourra être utile en cas de difficultés financières, au moment de la retraite et pour sa succession.

La fiscalité des murs professionnels entraîne des conséquences différentes selon que l'on est propriétaire ou locataire des locaux. La question de la fiscalité, et les déductions possibles, est en effet très importante pour les entreprises soumises à l'impôt.

Nous présentons ci-dessous un résumé des avantages et inconvénients pour l'entreprise.

Tableau 8 – Résumé de la situation

Impacts	Achat par l'entreprise	Achat par le dirigeant qui loue à l'entreprise	Location à un bailleur externe
Juridique	Actif du bilan plus élevé.	Actif diminué.	Actif diminué.
Financier	Dépend des taux d'intérêt, du niveau de prix du marché, etc.		
Prévision de dépenses	Emprunt connu.	Loyers connus.	Loyers évolutifs.
Fiscalité	Déduction des frais d'acquisition, les amortissements et les intérêts d'emprunt, des frais d'assurance, des dépenses de réparation et d'entretien.	Déduction des loyers par l'entreprise, mais augmentation de l'impôt personnel du dirigeant.	Déduction des loyers.
Mobilité	Difficile.	Difficile mais pas d'obligation de revente	Facile.
Stabilité	Forte.	Forte	Faible à la fin du bail.
Cession	Difficulté pour le repreneur qui doit tout acheter.	Partage des actifs possible.	Pas d'impact des locaux sur la reprise.

Transformer des frais fixes en frais variables

Les frais variables varient en proportion de l'augmentation ou de la diminution du volume des ventes. Ces frais sont habituellement identifiables et faciles à calculer.

On retrouve généralement dans cette catégorie :
- les matières premières entrant dans la production ;
- les coûts de main-d'œuvre directe, par exemple les personnels exerçant l'activité principale de l'entreprise comme la production ou encore le personnel de guichets ou des agences ;
- le transport ;
- les commissions.

Les frais fixes sont des frais indirects de structure ou d'organisation. Ils sont parfois périodiques et ne fluctuent pas ou peu en fonction du volume des ventes. Ils sont difficilement compressibles. Contrairement aux frais variables que l'on peut analyser et contrôler en pourcentage des ventes, les frais fixes sont habituellement contrôlés en valeur absolue, puisqu'ils proviennent souvent d'une décision budgétaire indépendante du volume de vente.

On retrouve généralement dans cette catégorie :
- les salaires des personnels administratifs ;
- le loyer ;
- les taxes et assurances ;
- les amortissements d'actifs ;
- les frais de bureau ;
- les frais financiers.

Pourquoi transformer les frais fixes en frais variables ?
- pour abaisser le point mort, dans le cas d'une activité incertaine ou avec une visibilité réduite ;
- pour augmenter l'agilité de l'entreprise ;
- pour réduire l'intensité capitalistique d'une activité ;
- pour mieux contrôler les coûts.

Les opérations d'externalisation ou d'outsourcing permettent de transformer le fixe en variable.

L'externalisation du point de vue économique est un accord passé entre une organisation et un tiers pour la prise en charge, l'exploitation, la gestion continue et l'amélioration d'une activité. Il peut s'agir :

- de fonctions entières de l'organisation telles que le nettoyage, le gardiennage et en général toutes les activités liées à ce que l'on appelle le *facility management* (multitechnique, multiservice et gestion du bâtiment), mais également de fonctions telles que l'informatique, les ressources humaines, la paie, la facturation, la comptabilité, le marketing, la communication...
- d'infrastructures (système d'information, de sécurité, réseaux de télécommunications) ;
- de processus opérationnels (exploitation de matières premières, production industrielle, intégration de sous-ensembles, exploitation d'un réseau de télécommunications, stockage, logistique, transport) en amont ou en aval de l'organisation.

En quoi les Achats peuvent-ils contribuer aux opérations d'externalisation ? Celles-ci comportent plusieurs volets :
- la reprise de personnels ;
- une cession de matériels, d'ateliers, de locaux, voire d'une usine complète ;
- la reprise de contrats en cours avec des fournisseurs ;
- un contrat d'achat.

Ces opérations sont intimement liées et il est évident que l'acheteur a un rôle primordial non pas sur la gestion de la partie ressources humaines mais sur la négociation et la contractualisation des différentes opérations de cession et de reprise. Son rôle est également primordial sur le choix du ou des repreneurs des activités à externaliser puisque l'acheteur connaît le marché et les niveaux de prix.

Conditions de paiement

■ La loi de modernisation économique

Application de la loi en France

La loi de modernisation économique ou LME de 2008 (cf. chapitre 3 le § « Les pénalités de retard ») définit, en France, les règles applicables aux conditions de paiement qui ne peuvent être supérieures à quarante-cinq jours fin de mois ou soixante jours calendaires à compter de la date d'émission de la facture. Les entreprises peuvent toutefois, si elles le veulent et si leurs processus internes le leur permettent, payer plus rapidement. Par ailleurs, des délais spécifiques à certains secteurs tels que le transport ont été définis dans le cadre de la LME.

Le raccourcissement des délais de paiement n'a pas eu le même impact dans tous les secteurs d'activité :

- Les entreprises qui ont peu d'achats mais beaucoup de main-d'œuvre telles les sociétés de prestations de services et sociétés de services en ingénierie informatique (SSII), paient les salaires de leurs employés chaque fin de mois. C'est pourquoi passer de quatre-vingt-dix jours à soixante jours est extrêmement bénéfique... bien qu'en général, ces sociétés négocient – et négociaient déjà avant la mise en place de la LME – des délais de règlement plus courts, souvent à trente jours.

- Les entreprises qui ont des activités de transformation et de production avec des achats représentant plus de 60 % de leur chiffre d'affaires, devraient avoir une somme de trésorerie générée proportionnelle au montant de marge réalisée. Plus les marges sont importantes plus l'effet de levier de la loi devrait être important. En revanche, pour les activités avec de faible marge, la somme devrait être nulle ou proche de zéro.

- Les trésoreries des entreprises de commerce de détail ont été fortement réduites. Elles sont payées immédiatement par les consommateurs mais ont dû payer leurs fournisseurs plus tôt.

- Les entreprises qui vendent à l'export sont également mises sous tension : le décalage entre les délais de paiement liés à la loi française et les pratiques internationales avantage les clients étrangers qui, même si la LME leur est applicable, payent encore trop souvent aux mêmes échéances qu'auparavant alors que les fournisseurs français sont payés plus tôt.

Qu'en est-il à l'international ?

Lorsqu'une entreprise en France achète à un fournisseur étranger, plusieurs cas de figure peuvent se présenter selon la loi applicable à la transaction commerciale.

Dans l'hypothèse d'une transaction avec livraison dans l'Hexagone pour laquelle les entreprises ont fait le choix de la loi française, les délais de règlement de la LME s'appliquent.

Dans l'autre hypothèse d'une transaction avec livraison dans l'Hexagone pour laquelle la loi choisie par les parties est une autre loi que la loi française, c'est néanmoins les délais de paiement maxima de la LME qui s'appliquent également.

Cette disposition doit permettre d'éviter des distorsions de concurrence entre fournisseurs français et étrangers. Pour vérifier la bonne application de cette loi et des règles qui en découlent la Direction générale de la concurrence, de la consommation et de la répression des fraudes (DGCCRF) peut disposer des rapports des commissaires aux comptes pour l'élaboration de ses programmes d'enquête (selon les modalités du décret 2008-1492 du 30 décembre 2008).

Le dépassement des délais légaux de paiement prévoit bien une sanction civile. Cependant, nous pouvons nous interroger de façon légitime sur la capacité de l'administration à contrôler toutes les transactions commerciales entre deux sociétés françaises. Le doute s'accentue sur des transactions internationales.

Habitudes de règlement des transactions internationales

Plusieurs dispositifs peuvent être utilisés par les acheteurs pour effectuer les règlements vers les fournisseurs étrangers ou dans le cadre de transactions internationales. Ils seront choisis selon les pratiques culturelles les plus répandues du pays et le niveau de risque que l'acheteur peut se permettre de prendre avec son fournisseur. Un fournisseur ponctuel ou nouveau ne bénéficie pas du même niveau de confiance qu'un fournisseur partenaire de longue date qui jouit d'une très solide santé financière par exemple ; les modalités de paiement seront donc probablement différentes.

Nous listons quelques dispositifs utilisés :

- Le paiement d'avance : cette condition est risquée pour l'acheteur qui doit l'éviter à chaque fois que cela est possible. Elle consiste à payer le fournisseur par avance avant la réception de la marchandise. Le fournisseur expédie les produits une fois le paiement effectué.

- Communément appelée « Credoc », la lettre de crédit ou crédit documentaire : la banque de l'importateur s'engage pour le compte de son client à payer un montant défini selon un délai fixé en amont, sur présentation par le fournisseur qui exporte de documents d'exportation conformes. Ces documents permettent de s'assurer de la réalité et de la conformité des produits avant paiement ; ils peuvent inclure, par exemple, le rapport de contrôle des produits par un organisme tiers.

- La lettre de crédit est soumise aux Règles et usances uniformes (RUU) de la Chambre de commerce internationale. Ce dispositif constitue une garantie et un service ; il est donc payant pour l'entreprise qui importe. Ce dispositif, très répandu, est accepté par l'ensemble de la communauté internationale.

- L'encaissement documentaire : moins coûteux que le Credoc, il permet à l'importateur de ne payer qu'une fois l'expédition de la marchandise réalisée et les documents à l'exportation, dont la lettre de change, transmis à sa banque. Cette dernière ne pourra remettre les documents à l'importateur qu'une fois le paiement effectué.

- Le commerce à compte ouvert : l'entreprise ne paie qu'après avoir reçu la marchandise, sur facture. L'acheteur paie selon les délais de règlement négociés contractuellement dans la limite des délais fixés par la LME.

Chapitre 5

Développer la croissance

Comme l'a décrit Michel Philippart dans son livre *Collaborative Sourcing: Strategic Value Creation through Collaborative Supplier Relationship Management*, l'évolution de la maturité des Achats a permis de faire évoluer leur impact.

D'un simple impact prix grâce à l'implémentation de processus et la massification des besoins (niveau 1, les années 1980) au développement de la croissance de l'entreprise grâce au management des achats (niveau 3, les années 2000), Michel Philippart illustre l'impact des achats comme suit :

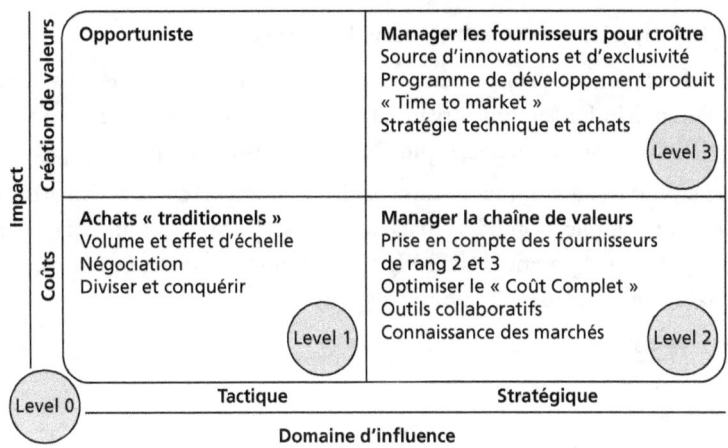

Figure 31 – Développer la croissance

Collaborative Sourcing: Strategic Value Creation through Collaborative Supplier Relationship Management, Michel Philippart, Christian Verstraete, Serge Wynen, Presses universitaires de Louvain, 2005.

Certains secteurs d'activité n'en sont qu'au niveau 1 alors que pour d'autres le niveau 3 n'a pas de sens. Nous remarquons que ces dernières années de petites plates-formes d'achats ont vu le jour pour massifier les achats, notamment dans les structures agricoles, les hôpitaux, les écoles privées ou encore les organismes religieux.

Parfois en avance sur l'État français, les banques ou les sociétés de services aux collectivités locales se mettent également au travail et s'attaquent aux niveaux 1 et 2.

Dans ce contexte, les Achats sont au service de la croissance grâce à plusieurs facteurs, dont :
- une participation en amont dans les projets ;
- la réduction du *time to market* ;
- une contribution à l'innovation de l'entreprise ;
- un management de la relation fournisseur et de « l'entreprise étendue », et la mise en place d'un « sourcing collaboratif » ;
- une bonne connaissance des marchés et une veille concurrentielle.

Projets

■ Participation en amont dans les projets

Les achats en mode projet créent une grande valeur. L'objectif est d'assurer un gain maximisé dans une organisation et une solution optimisée grâce à une intervention des Achats le plus en amont possible du projet.

Un graphique, couramment utilisé par le monde des Achats, schématise le fait qu'une implication des Achats dès la phase de la définition du besoin permet un gain potentiel de 30 % alors qu'une sollicitation tardive des Achats peut faire baisser ce pourcentage à 3 %.

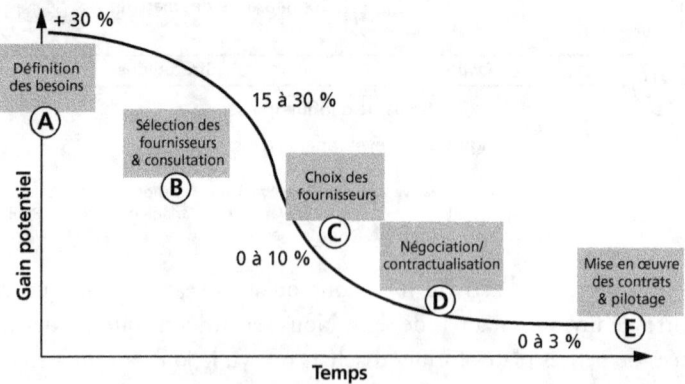

Figure 32 – Gain potentiel en fonction de la phase à laquelle l'acheteur est impliqué

L'acheteur projet aura donc une lourde responsabilité qui dépendra du secteur d'activité et de la maturité de l'entreprise. En effet, un acheteur projet n'aura pas les mêmes responsabilités chez Areva que chez Renault, chez Bombardier ou chez Bouygues Construction. L'organisation sera souvent une matrice dans laquelle agissent acheteurs projets d'une part, acheteurs familles et acheteurs commodités sur les pièces standards ou spécifiques d'autre part.

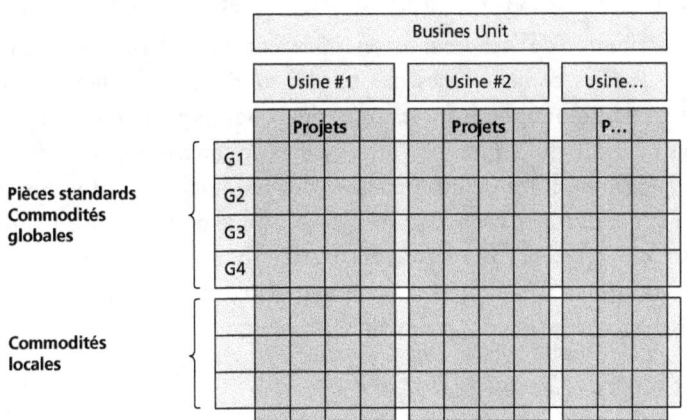

Figure 33 – Matrice Achats projet/commodités dans le cas d'entreprises de production

L'acheteur projet travaille avec les acheteurs commodités.

- Sur des pièces standards, développées et validées, l'acheteur commodité est complètement responsable de son produit et de son fournisseur. Il faut cependant que l'ensemble corresponde aux objectifs du projet.
- Sur des pièces spécifiques, l'acheteur projet aura à développer son sourcing et à négocier les conditions commerciales et tarifaires, souvent par délégation de l'acheteur commodité. Ce dernier prendra le relais de l'acheteur projet pour mettre en place la stratégie Achats et la phase de série de sa commodité.

Voici quelques exemples des responsabilités de l'acheteur projet :
- garantir l'atteinte des objectifs coûts/qualité/délais/performance du projet ;
- « manager » les acheteurs commodités pour obtenir une sélection de fournisseurs adaptés aux projets ;
- réduire le nombre de pièces achetées ;

- manager les risques ;
- redéfinir et optimiser la chaîne logistique.

Nous allons étudier la contribution des acheteurs et des fournisseurs au dossier de consultation et à l'écriture des spécifications dans le cadre des appels d'offres.

■ Contributions de l'acheteur au projet

La contribution de l'acheteur projet intervient dès la phase d'appel d'offre client. Par ses connaissances du marché fournisseur, l'acheteur projet apporte des informations sur les coûts des produits et des matières nécessaires à la réalisation du projet, sur les délais de conception, de réalisation d'outillage, ainsi que de qualifications des produits par les fournisseurs. Même si, à ce stade, l'acheteur ne disposera que d'offres budget (*Rough Order of Magnitude*), ces dernières constitueront un socle pour les négociations futures. Ces éléments permettent de rédiger une réponse fiable et réaliste, en termes de coût et de délais, au client.

Participation au planning de l'appel d'offres

L'acheteur doit participer activement à la préparation de l'appel d'offres dans tous ses aspects.

Le planning de l'appel d'offres, par exemple, sera un facteur d'économies ou de non-économies important. Un planning trop serré, géré dans l'urgence, ne permettant pas aux entreprises d'étudier sérieusement le dossier et les solutions techniques aura pour conséquence des marges fournisseurs importantes pour limiter les risques de mauvaise appréciation. Il pourra également avoir pour impact un mauvais taux de réponse des fournisseurs et donc une concurrence moindre, d'où un risque de moindre compétitivité. Enfin, un planning trop serré pourra avoir pour conséquence des délais de soutenances ou de négociation réduits, donc une incapacité d'arriver au meilleur résultat.

Ainsi, le planning et l'avis des Achats sur ce dernier sont primordiaux pour les résultats du projet.

Collaboration à la constitution de la liste des fournisseurs

De même, la liste des fournisseurs consultés doit impérativement être construite en collaboration avec les acheteurs.

Les acheteurs s'assurent que les fournisseurs sont aptes à répondre, qu'aucun risque de dépendance économique n'existe et que la santé et la solidité financière de ceux-ci sont suffisantes par rapport à la taille du projet et des marchés qu'il va probablement générer.

Le nombre de fournisseurs consultés est également important selon la nature, la taille du projet et de son planning.

Contribution à l'écriture des spécifications techniques

Optimiser les spécifications

Les acheteurs doivent veiller à ce que les spécifications soient optimisées et ne génèrent pas de fournisseurs en quasi-monopole mais débouchent bien sur des solutions ouvertes ou permettent des solutions différenciées, d'où une saine concurrence.

Prendre en compte les paramètres de coût en phase d'exploitation du projet

Le projet est suivi d'une phase de série ou d'une phase d'exploitation de la solution mise en place. Souvent ceux qui gèrent le projet de départ passent alors la main à d'autres pour cette phase. Par exemple, dans le bâtiment, la phase de construction est suivie d'une phase d'exploitation et le coût d'exploitation est très fortement lié à la qualité des équipements et au choix des matériaux.

Les acheteurs doivent aussi veiller à ce que les coûts complets soient pris en compte, et dans le cas où le bâtiment reste exploité par le groupe qui l'a construit à ce que les spécifications tiennent compte de l'impact des choix des matériaux et équipements sur les coûts d'exploitation (durée de vie, coût de maintenance, entretien, etc.).

Comment considérer les fournisseurs en phase expert
et dans l'écriture des spécifications ?

Lorsque le bureau d'études est incapable – faute de temps ou de compétences – d'écrire le cahier des charges, il peut parfois solliciter l'aide d'un fournisseur. Le rôle de l'acheteur sera alors clé pour garantir la neutralité du cahier des charges et permettre une réelle mise en concurrence par la suite. Cette tâche demande une grande attention à la fois de l'acheteur et du bureau d'études. En effet, le risque est que l'acheteur ne détecte pas les spécificités propres au fournisseur et s'aperçoive *a posteriori* qu'un seul fournisseur sait répondre aux spécifications : celui qui a rédigé le cahier des charges.

Il faudra donc gérer cette phase de « fournisseur expert » et envisager le paiement du travail fourni s'il n'était pas retenu à l'issue de l'appel d'offres. Attention, s'il accepte de travailler à titre gracieux, profitant d'un fort volant d'affaires, il convient de s'interroger sur la profitabilité du compte. En règle générale, les fournisseurs acceptent largement le principe de ne pas facturer le service lorsqu'ils sont retenus, car ils considèrent que l'écriture du cahier des charges leur donne un avantage sérieux en amont.

Time to market

La réduction du *time to market* couvre deux aspects que sont le développement et la production.

■ En développement

En termes de développement, toute entreprise a pour objectif principal d'être la première à lancer l'innovation qui garantit en général une part de marché plus importante. Nous pouvons citer des produits tels que le monospace compact, l'agenda électronique ou le smartphone. À défaut d'être cette entreprise, il convient donc de développer des produits assez spécifiques pour éviter de lancer des produits obsolètes.

L'industrie automobile a fait des progrès considérables *via* l'implémentation de plates-formes qui ont permis de réduire le temps de développement de ses véhicules de cinq ans à moins de deux ans. Indépendamment des progrès faits par la technique pour diminuer les temps de développement (essentiellement la simulation numérique), le périmètre a changé lors de l'évolution. En effet, pour réduire le temps de développement, il n'est plus nécessaire de valider deux fois les pièces à long délai, surtout lorsqu'elles ne représentent pas un critère différenciant pour le client final. Un des meilleurs élèves sur ce sujet est probablement le groupe Volkswagen qui propose des produits de marques différentes (Audi, Volkswagen, Skoda) fabriquées sur des plates-formes communes. Le gain achat sur le volume s'ajoute alors au gain généré par l'optimisation du développement et du temps passé.

L'une des meilleures illustrations de la problématique du temps de développement par rapport au besoin du marché a sans doute été l'essor du multiplexage dans les voitures. Fin des années 1990, l'électronique se fait de plus en plus présente sur toutes les fonctions de la voiture et pousse les constructeurs à lancer le multiplexage dans les voitures.

Comment faire coexister deux schémas de développement produit : celui des pièces mécaniques et celui des pièces électroniques ?

Il faut savoir qu'en mécanique, l'architecture et les solutions techniques doivent être figées deux ans avant le lancement de la voiture. Un temps qui ne correspond pas au rythme des innovations de l'électronique. D'où la difficulté des constructeurs à répondre à cette question et des voitures qui sortaient à cette époque avec certains équipements électroniques obsolètes comme la navigation ou le téléphone, pour ne citer que ce qui est le plus visible par le client final. La situation existe toujours ; le consommateur changeant de voiture moins souvent que de téléphone.

Cette méthode est valable pour tous les schémas de développement. Un autre exemple serait celui de l'impression d'une brochure marketing : comment puis-je segmenter les différents éléments de sa conception en différentes phases pour réduire le délai de développement ? Valider l'architecture et le format, puis les papiers et textures, puis les couleurs et enfin le texte sont les étapes principales. Les segmenter garantit au client de pouvoir intégrer le plus de modifications possible en fonction des tendances de la mode, des salons ou encore des changements de dernière minute, cela par rapport à une date de lancement figée.

En phase de développement, l'action des Achats sera de proposer des fournisseurs capables de fournir :
- des outils de validation numériques et physiques : garantir que le client n'a pas à valider la solution des fournisseurs ;
- des solutions standards et des solutions de déstandardisation arrivant le plus en aval possible du processus de développement ;
- un planning de validation des solutions retenues par échelon.

En résumé, un vrai codéveloppement où le travail des uns et des autres est « intégré », et des livrables et exigences claires pour chaque phase.

■ En production

Réduire le *time to market* est également un facteur clé en production. Le risque principal est de voir ses clients s'approvisionner chez les concurrents. C'est encore plus vrai sur les pièces en après-vente pour lesquelles le délai est souvent plus déterminant que le prix. Or baisser les stocks, massifier les volumes produits et réduire les coûts de mise en production sont autant de facteurs qui allongent le *time to market*.

Aux acheteurs donc d'étudier l'ensemble de cette boucle de production et de stocks intermédiaires. Pour ce faire, des outils ont été développés à l'instar du Value Stream Mapping (VSM). Le schéma devra prendre en compte l'ensemble de « l'entreprise étendue » et l'ensemble des composants, sous-composants et matières premières. Il convient de bien intégrer qu'un composant spécifique manquant peut bloquer la production de la chaîne de production. En effet, au début des années 2000, la production des voitures européennes a été fortement perturbée par l'incapacité à répondre à la demande en moteurs Diesel HDI faute d'un coussinet de bielle résistant aux pressions du HDI.

L'acheteur devra donc proposer le schéma le plus efficace, c'est-à-dire le plus réactif et le moins coûteux en prix et en capital. Mais le problème principal de ce travail reste d'avoir les bonnes hypothèses de départ qui, bien souvent approximatives, remettent en cause l'efficacité de la démarche. Une question telle que « Quel est mon besoin mensuel ? » doit se poser à court, moyen et long terme.

▪ Value Stream Mapping

Le Value Stream Mapping est un outil de représentation des flux physiques et d'information lié à un processus. Il représente toutes les actions (à valeur ajoutée ou non) qui amènent à la transformation d'un produit. Il donne une vision d'ensemble, souvent simplifié, en indiquant les paramètres clés du processus. En particulier, les délais, temps de fabrication, les stocks et encours pour chaque tâche. C'est l'outil principal du lean car il permet ainsi d'identifier la « non-valeur ajoutée » et les améliorations possibles en stocks et leadtime.

Pour l'exemple, dans la cartographie ci-dessous, il a été représenté l'usine, quatre fournisseurs de rang 1 et 2 (dont un critique), certains process et deux usines clientes. Le schéma permet de visualiser les flux, d'indiquer les leadtimes par rapport aux temps de fabrication mais aussi les stocks et encours. Dans un schéma plus complet, on pourrait retrouver les flux d'information.

Développer la croissance **177**

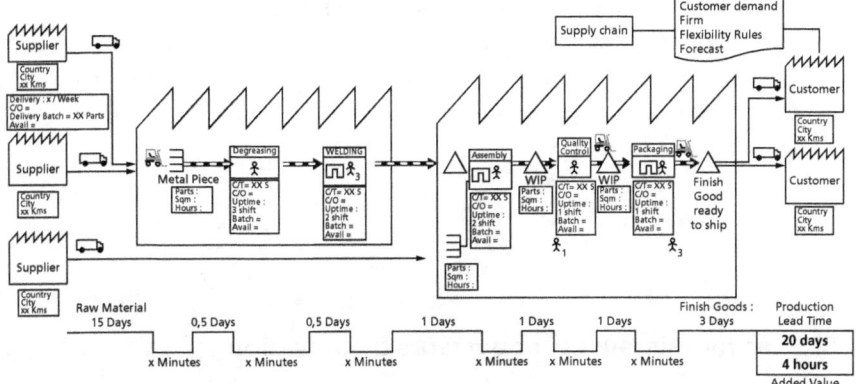

Figure 34 – Exemple de VSM

▪ Délais de disponibilité ou *leadtime*

Comme mentionné précédemment et dans le paragraphe sur l'optimisation des stocks, les délais de mise à disposition par les fournisseurs des différents livrables sont clés pour la performance.

L'acheteur suivra donc les délais types suivants, que ce soit en développement ou en production :

- Délai de chiffrage : temps pour répondre à une cotation.
- Délai d'accusé de réception : temps pour accuser réception d'une commande.
- Délai de livraison : temps pour livrer.

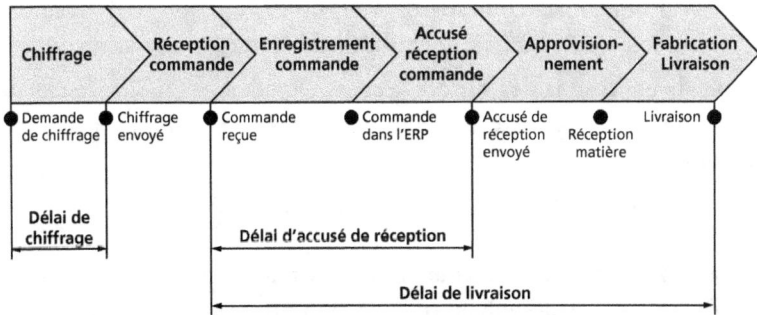

Figure 35 – Délais de disponibilité ou *leadtime*

En développement, comme en production, la problématique se résume à réduire ces délais et à intégrer les facteurs différenciant les produits (menant à la déstandardisation du produit), le plus tard possible. Cela nécessite un vrai travail et une vraie réflexion sur les schémas de développement des produits et de production.

Innovation

■ Les fournisseurs sont porteurs d'innovation

La volonté d'avoir des fournisseurs axés « croissance » implique de travailler avec des « experts » dans leur métier, et non plus des manufacturiers ou de simples sous-traitants. Ils doivent apporter des innovations et une expertise à leurs clients.

Nous sommes alors au niveau 3 de la matrice de Michel Philippart : le management du fournisseur pour la croissance.

L'acheteur aura pour mission, grâce à son relais dans les équipes techniques, d'aligner les plans d'innovations (ce que les uns et les autres veulent en dire) du fournisseur et de l'entreprise. L'acheteur doit convaincre le fournisseur de concentrer ses investissements de R&D aux solutions spécifiques de son client. Les deux parties doivent tirer bénéfice de cette collaboration. Il convient de préparer finement cet échange entre les équipes « innovation » et le fournisseur pour établir la confiance sur le long terme.

Bien évidemment, la contractualisation de cette partie de la relation « innovation » sans garantie de chiffre d'affaires direct nécessitera :

• Soit de contractualiser sur des « coûts d'études », le point restant à négocier étant la propriété intellectuelle des travaux en résultant et de leur exploitation.

• Soit de financer l'activité sur le courant d'affaires. Il faudra alors s'engager :

– sur un volume d'affaires courant (contractualiser sur des parts de marché plutôt que sur des volumes qu'on ne saura pas toujours garantir) dans la durée ;

– sur un niveau de performance coûts/qualité/délais et des plans de progrès garantissant que le fournisseur restera un fournisseur « préféré du panel » (par exemple : accompagnement de son client à l'international, dans une démarche *low cost*...) ;
– sur la partie « propriété intellectuelle », droit d'exploitation des résultats des travaux, exclusivité pendant un certain temps, etc.

La dernière partie est souvent difficile à écrire car le contrat est bien en amont de l'exploitation et les juristes veulent de façon légitime prévoir tous les cas de figures.

Deux cas en particulier sont à étudier avant de contractualiser :

• Le client n'est pas suffisamment intéressé par l'innovation qui vient de la coopération ou ne la met pas assez en valeur. Le fournisseur imagine pouvoir tirer plus de bénéfices avec d'autres et voudra pouvoir la proposer à ses autres clients plus rapidement que ce qu'il a accepté dans le contrat.

• Le fournisseur est incapable d'industrialiser l'innovation au meilleur coût, son outil industriel étant moins adapté que celui des autres fabricants. Le client voudra lancer un appel d'offres pour l'obtenir au meilleur prix, cela indépendamment des coûts fixes du développement supportés par le fournisseur.

Parfois dans d'autres secteurs d'activité que la production, les fournisseurs sont porteurs de solutions que l'entreprise n'utilise pas ou ne commercialise pas encore. Ils peuvent, au sein des entreprises, influer sur la création de nouvelles offres pour les clients finaux. L'objectif pour le fournisseur est d'augmenter ses ventes, et si les solutions qu'il propose peuvent se combiner avec un vrai savoir-faire interne, l'acheteur doit être à l'écoute et les relayer en interne pour contribuer à la création de l'innovation et de la valeur.

Cela peut être, par exemple, une innovation technologique qui permettra de créer une offre de télérelevé des consommations moins complexe et moins chère, ou un nouveau logiciel de géolocalisation simple et efficace qui permettra de bâtir une offre de service spécifique de maintenance optimisée. Les exemples ne manquent pas d'innovations qui, lorsqu'elles sont détectées rapidement et associées à une activité possible en lien avec le savoir-faire de l'entreprise, peuvent amener un vrai avantage compétitif par rapport à la concurrence ; il faut savoir se montrer à l'écoute de ses fournisseurs et du marché.

La « co-opétition »

Ce concept a été connu grâce aux travaux de deux auteurs américains en 1996, Nalebuff et Brandenburger, dans leur ouvrage *La co-opétition, une révolution dans la manière de jouer concurrence et coopération*[1].

Ce terme a vu le jour pour désigner ce mode de relation entre sociétés souhaitant collaborer tout en étant concurrentes. Même si le sujet n'est pas encore mature – en particulier chez les Français qui ont tendance à ne pas savoir faire confiance – de nombreux ouvrages en parlent. La « co-opétition », mélange de coopération et de compétition, est souvent à l'initiative des pouvoirs publics ou des associations professionnelles. Elle peut également s'appliquer à la relation client-fournisseurs lors des phases décrites précédemment en phase « expert » ou en « innovation ».

La « co-opétition » est particulièrement fréquente dans le secteur des SSII. Deux sociétés peuvent être en même temps concurrentes sur une affaire, associées sur une autre, en relation de sous-traitance sur une autre ou même en apporteur d'affaire sur une dernière. Cette relation est gérée par des services Achats face à leurs fournisseurs.

Et la « co-opétition » pourrait s'appliquer au concept d'achat groupé. Si le concept commence à émerger dans le Business-to-Consumer (BtoC), il est plus balbutiant dans le Business-to-Business (BtoB). C'est par exemple ce qu'ont fait les deux grandes entreprises de télécommunication, Deutsche Telekom et Orange/France Telecom, en créant une filiale, BuyIn, en 2011. Chacune de ces entreprises avait parfois devant elle des fournisseurs bien plus gros. Grouper alors leurs volumes les aide à acheter mieux et moins cher. BuyIn gère ainsi une partie de leurs achats communs et a annoncé espérer un gain de 1,3 milliard d'euros sur trois ans sur un total de 16 milliards d'euros d'achats.

Toute la difficulté de l'achat groupé est d'être plusieurs à acheter exactement le même produit ou le même service. Sachez qu'il n'y a pas probablement deux sociétés du CAC 40 qui achètent exactement le même

---

1. B. Nalebuff et A. Brandenburger, *La co-opétition, une révolution dans la manière de jouer concurrence et coopération*, Village mondial, 1996.

ordinateur de bureau ! Les options, les systèmes d'exploitation ou les versions font toute la différence.

Un des systèmes d'achat groupé français qui fonctionne bien, sans qu'il relève entièrement de la « co-opétition », est celui mis en place par l'Union des groupements d'achats publics (UGAP). L'UGAP achète pour les acteurs publics et les collectivités territoriales en groupant des volumes. C'est une centrale d'achats publics « généraliste » française et elle constitue un acteur spécifique de l'achat public. L'utilisation de la centrale d'achats, elle-même soumise au Code des marchés publics pour toutes ses procédures, dispense ses clients publics de toute mise en concurrence et publicité préalables. Ce qui n'empêche pas toute personne publique de pouvoir choisir de conduire sa propre procédure. L'UGAP opère donc dans un contexte d'autonomie de choix de ses clients, qui l'oblige à rechercher des résultats probants.

Supplier Relationship Management

Le Supplier Relationship Management (SRM) a pour but la gestion optimale de la relation avec les fournisseurs.

La fonction Achats joue un rôle essentiel dans la performance de son entreprise à tous les niveaux de la chaîne des opérations qui constituent l'acte d'achat. Ce rôle est pertinent non seulement à l'approvisionnement, mais aussi durant les processus amont (sourcing et amélioration continue des fournisseurs) et aval (réception, factures, litiges).

■ Amélioration continue des fournisseurs

Toutes les entreprises ont la volonté d'être le leader ou d'être parmi les leaders dans leur domaine d'activité. Elles mettent souvent en place, de façon continue, des actions pour s'améliorer. La fonction Achats peut contribuer au succès de l'entreprise par la mise en œuvre d'outils et de méthodes permettant d'identifier, d'évaluer, de qualifier et de suivre les fournisseurs pouvant lui offrir les meilleurs coûts, une qualité irréprochable et qui savent respecter les délais tout en étant flexibles et innovants. La fonction Achats devra ainsi veiller à la mise en place par les fournisseurs d'actions leur permettant de s'améliorer continuellement. Cette amélioration continue peut être d'une grande aide pour la compétitivité de l'entreprise car elle vise une réactivité optimale à la demande et des gains importants de marché. Elle devra viser entre autres les systèmes de qualité, la qualité des produits et services, et la productivité.

La logistique

■ Contribution postcommande

Le rôle des acheteurs ne s'arrête pas à la passation d'une commande ou la signature d'un contrat. La fonction Achats intervient à plusieurs niveaux après cette étape.

Lors de la réception du produit ou du service, en cas de non-conformité par rapport à la commande, la fonction Achats est la mieux placée pour exhorter le fournisseur à respecter ses obligations contractuelles en livrant un produit ou service conforme à la demande. La fonction Achats peut également apporter sa contribution durant la phase de gestion des factures (enregistrement sous l'ERP, paiement) en cas de divergence entre la facture émise par le fournisseur et la commande. Enfin, en cas de litige entre le fournisseur et l'entreprise, les acheteurs apparaissent comme des interlocuteurs évidents aux yeux des fournisseurs car la relation commerciale avec l'entreprise a été mise en place par le biais de l'acheteur.

■ Pérennisation de la relation fournisseur

Dans sa démarche de rendre performante sa fonction, l'acheteur doit veiller à la qualité de ses relations avec ses fournisseurs, surtout les plus stratégiques c'est-à-dire ceux qui ont démontré leur capacité à accompagner efficacement l'entreprise lors de grands enjeux. Il doit veiller à l'équilibre de la relation client-fournisseur. Afin d'obtenir des résultats durables il peut mettre en place, par exemple, des partenariats, des contrats sur moyen ou long terme, miser sur le codéveloppement, etc.

Développement durable et responsabilité sociétale des entreprises (RSE) : créateur de valeur même au regard de la seule performance Achats ?

■ Que signifie « développement durable » ?

On appelle « développement durable » la gestion rationnelle des ressources humaines, naturelles et économiques qui vise à satisfaire les besoins fondamentaux de l'humanité.

Il implique plusieurs conditions : la conservation de l'équilibre général, le respect de l'environnement, la prévention de l'épuisement des ressources naturelles, la diminution de la production des déchets, et enfin la rationalisation de la production et de la consommation d'énergie.

Le développement durable est à l'intersection de trois préoccupations principales : environnementales, économiques et sociales.

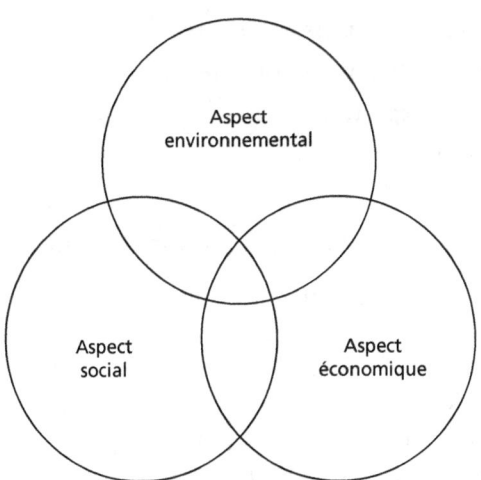

Figure 36 – Le développement durable

L'aspect environnemental repose, entre autres, sur :

- la réduction des risques environnementaux (climatiques, de pollution, de diversité biologique...) ;
- des pratiques responsables de maintien des grands équilibres ;
- la gestion durable des ressources naturelles.

L'aspect économique vise à la création de richesse pour tous à travers des modes de production et de consommation durables, en favorisant la croissance et l'efficacité économique. Il s'appuie notamment sur :

- l'utilisation raisonnée des ressources et des milieux naturels ;
- l'évolution des relations économiques internationales sur la place du commerce équitable et du commerce éthique par exemple ;
- l'intégration des coûts environnementaux et sociaux dans le prix des biens et des services.

Le volet social vise à satisfaire les besoins humains (éducation, santé, consommation...) et à répondre à un objectif d'équité sociale. Il repose sur :

- la satisfaction des besoins essentiels des populations ;
- la lutte contre l'exclusion et la pauvreté ;
- la réduction des inégalités ;
- le respect des cultures.

■ Le développement durable au sein des entreprises

Pour s'inscrire dans une démarche affichée de développement durable, les entreprises se sont, en majorité, engagées à préserver l'environnement et les hommes. La plupart d'entre elles ont adhéré au Pacte mondial, aux principes de régulation du climat ou ont signé des chartes sur la diversité, l'insertion, les droits de l'homme. Un affichage indispensable mais insuffisant s'il n'est pas toujours suivi d'effets et d'actions concrètes.

Certaines entreprises se sont donc donné les moyens et doivent poursuivre dans cette voie pour illustrer leurs engagements en menant des démarches concrètes, dans leur cœur de métier, et dans des activités très emblématiques telles que les achats.

Par ailleurs, elles ont des comptes à rendre dans le cadre de la loi des nouvelles régulations économiques (NRE). La loi NRE oblige notamment les sociétés cotées à présenter, parallèlement à leurs informations comptables et financières, des données sur les conséquences environnementales et sociales de leurs activités, dans le cadre du rapport annuel, par exemple. Les agences de notation extrafinancière ne manquent pas d'aller examiner de près si les effets d'annonce sont bien suivis d'effets mesurables.

Certaines entreprises pensent que la certification ISO 14001 suffit pour afficher la volonté de mettre l'aspect développement durable au centre de l'entreprise. Si la certification est un point important car cette démarche coûteuse montre la volonté de l'entreprise de s'améliorer et de mettre en place de bonnes pratiques, elle n'est pas pour autant suffisante. Et surtout elle ne couvre pas l'ensemble des préoccupations du développement durable dont la démarche pénètre tous les aspects de l'entreprise.

En un mot, on fait ce que l'on dit. Toute action engagée doit pouvoir être mesurée et mesurable, ce qui signifie qu'il faut se fixer des objectifs de performance et mettre en place des plans d'actions et des indicateurs suivis dans le temps : un véritable projet d'entreprise réunissant alors les salariés autour d'un enjeu commun très fédérateur.

Ces objectifs, pour être atteints, doivent réunir certains préalables :
- une volonté politique affichée de la direction ;
- une définition des besoins « écoresponsables » ;
- une responsabilité sociale/sociétale affichée et vérifiée ;
- des fournisseurs responsables et engagés dans le développement durable ;
- des choix de produits/services et de fournisseurs faits en toute connaissance de cause (analyse des risques et analyse du prix en coût global) ;
- une communication sur ces démarches et une diffusion des bonnes pratiques.

Nous ne développerons pas davantage ce thème dans cet ouvrage. D'autres l'ont déjà fait, comme Olivier Menuet, pionnier sur le sujet.

Le développement durable au sein des Achats

Dans un certain sens, on peut considérer que la problématique du développement durable dépasse largement la responsabilité des seuls Achats. À l'inverse, nous en sommes tous individuellement responsables.

Mais plus encore, les Achats sont clés pour la mise en œuvre pratique des principes de développement durable dans l'entreprise. En effet, les Achats par la gestion de la conception, les choix effectués, la gestion des fournisseurs, du chiffre d'affaires généré, des compétences et emplois associés, des standards et normes appliquées, etc., sont responsables d'un écosystème, exactement comme fonctionne une réserve naturelle. Cet écosystème est appelé parfois l'entreprise « étendue », c'est-à-dire étendue à ces fournisseurs de rang 1, 2, 3…

La fonction Achats, gestionnaire de l'entreprise « étendue » est ainsi un levier naturel et incontournable d'une démarche RSE.

Nous citerons quatre axes majeurs concrets pour activer ce levier.

L'affichage d'une politique claire

L'application des principes du développement durable aux politiques Achats est relativement récente. Elle impose un changement radical dans la relation client-fournisseur. Cette volonté doit s'inscrire dans une charte éthique d'Achats qui définit les nouvelles règles du jeu à appliquer aux acheteurs d'une part, et à la relation client-fournisseur d'autre part.

La prise en compte dès la conception

Par exemple, l'acheteur doit se préoccuper du pourcentage du produit acheté pouvant être recyclable, mais aussi du pourcentage des matières utilisées pour la production qui sont déjà des matières recyclées. La problématique des déchets et de fin de vie des produits doit aussi être posée. L'acheteur doit également analyser la démarche de son fournisseur sur l'écoconception des produits et emballages, analyser les cycles de vie et vérifier l'existence de filières de traitement des produits et emballages bien développée.

La gestion de la relation fournisseurs

Les points forts de cette démarche s'articulent aussi autour d'une nouvelle relation fournisseurs qui s'inscrit sur le plus long terme. C'est l'idée du partenariat et de la relation gagnante-gagnante. Les fournisseurs doivent accepter, dans le prolongement des stratégies menées par ces entreprises, de mener eux-mêmes des démarches de responsabilité sociétale et environnementale. L'aspect social de la RSE pour les achats se fonde, quant à lui, sur des questionnements relatifs à la sous-traitance et au respect des règles de l'Organisation internationale du travail[1] (OIT), ainsi que sur les pratiques sociales des fournisseurs.

La prise en compte du coût complet d'acquisition

Le respect de critères dépend non seulement des processus internes de l'entreprise mais aussi de la qualité des produits achetés auprès de ses fournisseurs, ainsi qu'en amont de ceux-ci. La performance en matière de développement durable dépend donc de l'intégration progressive de la chaîne d'approvisionnement dans le référentiel de responsabilité sociétale des entreprises concernées. Il est nécessaire de revoir la stratégie Achats (réduction des coûts, élimination des déchets, augmentation de l'efficacité énergétique, conservation des ressources), en faisant participer les partenaires fournisseurs de l'entreprise.

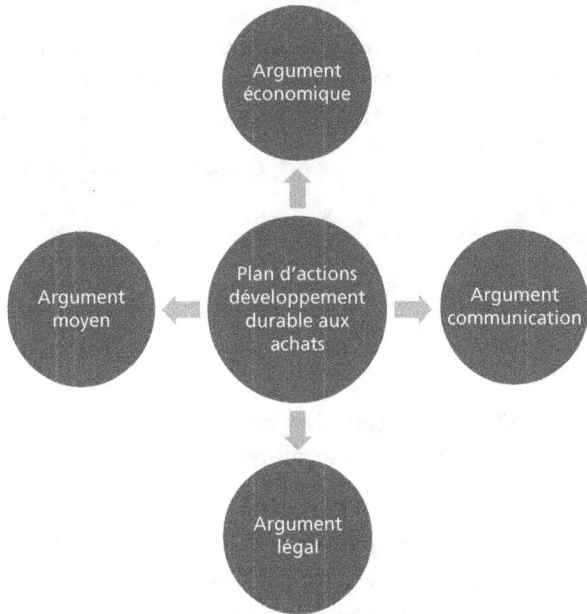

Figure 37 – Le développement durable au sein des Achats

---

[1]. Agence des Nations unies chargée au niveau mondial d'élaborer et de superviser les normes internationales du travail.

Gérer le développement durable dans les Achats peut se faire en tenant compte du coût global d'acquisition qui, outre le prix d'achat, intègre le transport, le dédouanement, les garanties, les coûts de stockage, l'obsolescence, les déchets générés lors de la production et en fin de vie (prise en compte des aspects de destruction, de recyclage des matières en fin de vie).

Cette démarche, au-delà du courant vertueux de protection de l'environnement et de la responsabilité sociale, a impulsé une dynamique d'innovation qui s'illustre dans tous les domaines Achats : l'informatique, les services généraux, l'immobilier... Elle est aussi créatrice de nouveaux métiers qui participent au dynamisme de l'emploi dans un contexte de crise qui se doit de trouver un nouveau souffle. Certains fournisseurs l'ont bien compris et ont fait du développement durable un véritable facteur différenciant d'offre commerciale.

Développement durable : 4 natures d'arguments

L'engagement d'un plan d'action développement durable aux Achats répond généralement à des arguments de quatre natures différentes :
- un argument citoyen : ne pas mettre en péril le futur pour répondre à notre besoin présent ;
- un argument économique, relatif à la meilleure conception produit par exemple ;
- un argument de communication, relatif aux risques sur l'image (réputation) ;
- un argument légal, consistant en la réponse aux obligations réglementaires.

▪ Responsabilité sociétale des entreprises et le Grenelle de l'environnement dans l'évaluation des fournisseurs

Les 57 articles de la loi Grenelle 1 (3 août 2009) concernent les secteurs de l'énergie, du bâtiment, des transports, de la biodiversité et des milieux naturels. La loi Grenelle 2 (12 juillet 2010) décline une partie des engagements pris par les différents acteurs lors du Grenelle de l'environnement. Elle est constituée de 248 articles et porte sur six chapitres fondamentaux : le bâtiment/l'urbanisme, les transports, l'énergie, la biodiversité, les risques/la santé/les déchets, la gouvernance.

Chaque chapitre comporte des volets dont les entreprises et les acheteurs en particulier doivent se préoccuper et qui créent des préoccupations nouvelles, comme par exemple les audits énergétiques des bâtiments afin d'identifier les points à remettre aux normes pour prétendre à devenir bâtiments basse consommation (BBC) ou haute qualité environnementale (HQE).

Selon les chapitres, les acheteurs auront à prendre en compte plus ou moins de critères dans l'évaluation et la gestion des fournisseurs ; le point central étant le comportement et la performance sur les aspects sociétaux et environnementaux mesurés sur des indicateurs définis.

Le chantier de la gouvernance de la loi Grenelle 2 impose à ce jour aux entreprises employant plus de 500 salariés et dont le bilan est supérieur à 50 M€, une publication, en complément des rapports financiers, des rapports liés aux aspects RSE.

Certaines informations doivent être publiées avec pour objectif, entre autres, de pouvoir les comparer. La vérification de ces données devrait s'effectuer par le biais d'organismes indépendants dès la clôture de l'exercice 2011 pour les entreprises cotées, et à partir de l'exercice clos 2016 pour les autres.

En attendant, les acheteurs doivent prendre connaissance des rapports de leurs fournisseurs et les évaluer sur ces points. Les entreprises qui prennent de l'avance et ont une démarche volontariste sur les indicateurs méritent d'être avantagées.

> S'il n'est pas évident aujourd'hui qu'être en avance sur la démarche soit un critère discriminant positif entre deux fournisseurs, l'inverse est vrai : il est dangereux pour l'image d'une entreprise de travailler avec des fournisseurs peu sérieux en matière de bilan RSE.

À ce jour, les informations liées au RSE sont très nombreuses. Nous avons considéré que celles devant être prises en compte en priorité par les acheteurs sont celles qui sont les plus engageantes.

Pour en citer quelques-unes :

- dans le domaine social : la parité homme/femme ; les mesures de non-discrimination selon la race, le sexe, le handicap, ceci à l'embauche, devant la rémunération, devant l'avancement ; les mesures favorisant l'emploi de personnes handicapées, la sécurité dans l'entreprise ; la participation de l'entreprise à des actions d'aide ou des associations à titre gratuit, ou par le biais de mécénat ou bien de mise à disposition de compétences à titre gracieux[1] ;

- dans le domaine environnemental : les réorganisations visant à rapprocher les salariés de leurs clients ou de leur lieu de travail ; les mesures visant à limiter les consommations d'énergie, à consommer ou à produire des produits « verts », à limiter les rejets et déchets, à diminuer la pollution ; les initiatives d'aide au développement du tissu économique local.

Nous pourrions citer bien d'autres actions mais, en réalité, ce qui compte, c'est que d'une part, l'acheteur s'assure que ses fournisseurs importants en termes de CA ou stratégiques – surtout s'il s'agit de grandes entreprises – sont bien dans cette démarche de publication de rapports et de suivi RSE, et que d'autre part, il évalue si ces fournisseurs sont bien dans une démarche d'amélioration continue en comparant les fournisseurs d'un même secteur.

L'acheteur doit analyser les indicateurs retenus, publiés, et leur évolution dans le temps. Une entreprise qui n'a que quelques indicateurs mais pertinents, suivis depuis plusieurs années et qui vont tous dans le bon sens, est bien plus crédible que celle qui liste de très nombreux indicateurs mais pour la plupart nouveaux et sans évolution positive.

■ L'ISO 26000

La norme ISO 26000 contrairement à d'autres telles que l'ISO 9001 ou l'ISO 14001 n'est pas destinée à délivrer une certification mais à contribuer au développement durable.

La norme destinée à toutes les entreprises, quels que soient leur taille ou leur secteur d'activité, vise à donner les clés d'une gestion de la responsabilité sociétale.

---

1. Certaines entreprises de conseil réalisent pour le compte d'administrations ou d'hôpitaux des audits organisationnels gratuits et les aident à mettre en place des mesures d'optimisation de leurs processus. D'autres entreprises se lancent dans le bénévolat en consacrant un nombre de jours de travail à des œuvres sociales ou environnementales.

Elle définit la responsabilité sociétale comme « la responsabilité d'une organisation vis-à-vis des impacts de ses décisions et de ses activités sur la société et sur l'environnement, se traduisant par un comportement transparent et éthique qui :

- contribue au développement durable y compris à la santé et au bien-être de la société ;
- prend en compte les attentes des parties prenantes ;
- respecte les lois en vigueur et est compatible avec les normes internationales ;
- est intégré dans l'ensemble de l'organisation et mis en œuvre dans ses relations ».

La norme définit sept questions (les chiffres correspondent aux numéros des chapitres de la norme ISO 26000) :

6.2 – La gouvernance.

6.3 – Les droits de l'homme.

6.4 – Les relations et conditions de travail.

6.5 – L'environnement.

6.6 – La loyauté des pratiques.

6.7 – Les questions relatives aux consommateurs.

6.8 – Les communautés et le développement local.

Chaque question posée se subdivise ensuite en domaines d'actions qu'il faut explorer et documenter.

Ainsi l'ISO 26000 donne un guide et une méthode d'évaluation aux entreprises. Le but n'est pas la photographie instantanée mais la cible à laquelle veut arriver l'entreprise sur l'intégralité des domaines d'actions. L'objectif est de viser l'amélioration continue dans le cadre de la gestion de la responsabilité sociétale. C'est l'opportunité pour une entreprise de communiquer de façon transparente et régulière, et de démontrer de façon objective sa maturité sur ces sujets « sensibles ».

■ La relocalisation

Il apparaît comme un paradoxe de choisir des fournisseurs ou producteurs de proximité alors qu'un des leviers Achats pour augmenter la marge est l'achat dans les pays à bas coûts. Les obligations des entreprises en termes de RSE inversent la tendance des délocalisations. Charge aux Achats et à leur écosystème de proximité de compenser une moindre compétitivité par d'autres arguments (qualité, stocks et *supply chain*, réactivité…). Les Achats locaux permettent de redynamiser le tissu industriel et économique local.

> La France n'a cessé de délocaliser et n'a pas assez offert un cadre de compétitivité à ses entreprises pour sauvegarder ses emplois. En comparaison de son voisin allemand, elle n'a pas protégé son patrimoine industriel.

■ Charte Relations fournisseurs responsables

La Médiation du crédit a été créée en 2008 sous l'impulsion des ministres de l'Industrie et de l'Économie pour améliorer les relations entre les grands donneurs d'ordre et leurs sous-traitants, en particulier PME et TPME.

Cet organisme a créé une charte le 28 janvier 2010 en collaboration avec la Compagnie des dirigeants et acheteurs de France (CDAF). Cette charte a pour but de faire mettre en place – en complément de l'application des textes de loi – des bonnes pratiques dans les relations entre sous-traitants et donneurs d'ordre.

Elle a été signée par de très nombreuses grandes entreprises telles que Total, la SNCF, Veolia, Thales… et autres grands comptes, et des sessions de signature de la charte sont organisées régulièrement.

Charte Relations fournisseurs responsables

La charte définit dix engagements pour des achats responsables :
1. Assurer une équité financière vis-à-vis des fournisseurs.
2. Favoriser la collaboration entre grands donneurs d'ordres et fournisseurs stratégiques.
3. Réduire les risques de dépendances réciproques entre donneurs d'ordres et fournisseurs.

4. Impliquer les grands donneurs d'ordres dans leur filière.
5. Apprécier le coût total de l'achat.
6. Intégrer la problématique environnementale.
7. Veiller à la responsabilité territoriale de son entreprise.
8. Les Achats : une fonction et un processus.
9. Une fonction Achats chargée de piloter globalement la relation fournisseurs :
• la fonction Achats pilote ou coordonne les plans d'activité appropriés à la mise en place de cette charte, le suivi des indicateurs associés et des actions correctrices qui s'imposeraient ;
• les donneurs d'ordres désigneront un ou plusieurs « correspondants PME » pouvant être saisis par les fournisseurs, à défaut de résolution du conflit avec l'acheteur local, de façon à privilégier la médiation.
10. Fixer une politique cohérente de rémunération des acheteurs.

Cette charte conserne principalement les Achats faits auprès des PME. Les entreprises qui ont signé la charte doivent :

- avoir mis en place des indicateurs de suivi de cette charte pour chacun des dix engagements ;
- nommer un « médiateur » qui, au sein de l'entreprise, est garant de sa mise en application et pourra, sur sollicitation d'un sous-traitant qui s'estimerait lésé, intervenir avant toute intervention plus formelle de la « médiation interentreprises » ou pire, intervention juridique.

Nous pouvons citer quelques indicateurs à mettre en place : le taux de dépendance des fournisseurs, et le taux et montant des pénalités appliquées. Les engagements et indicateurs doivent, pour être efficaces, être communiqués en interne à l'ensemble de la population Achats, mais également auprès des prescripteurs et des fournisseurs.

La charte, si elle est accompagnée de la diffusion d'un guide de bonnes pratiques, a été complétée le 30 juillet 2010 d'un « Rapport sur le dispositif juridique concernant les relations interentreprises et la sous-traitance » émis par le médiateur des relations interentreprises industrielles et de la sous-traitance.

Ce rapport est en particulier intéressant pour l'acheteur car il liste trente-cinq mauvaises pratiques en matière de sous-traitance.

En particulier :
- la consultation ne respectant pas les règles de la concurrence ;
- l'appel d'offres avec des prix et des conditions irréalisables ;
- l'exigence d'amortir les coûts non récurrents dans les prix des pièces pour obtenir la commande ;
- le non-respect des cadences de commandes et des quantités convenues ;
- le désengagement brutal du donneur d'ordre ;
- la modification du contrat sans réajuster le prix ;
- le retard volontaire dans le traitement d'un litige.

Ce rapport est un outil précieux et une aide à l'instauration de relations clients-fournisseurs plus équilibrées sur le long terme. L'entreprise doit trouver son intérêt dans une relation du type partenariat dans la mesure où elle respecte ses fournisseurs et ne profite pas d'un rapport de force qui peut être déséquilibré au détriment des PME.

En revanche, une dérive possible de ces actions consisterait à stigmatiser le rôle de l'acheteur comme responsable de tous les maux des sous-traitants. Malheureusement, il n'est souvent que l'exécutant des conditions imposées par ses propres donneurs d'ordres internes, eux-mêmes assujettis à des clients.

La démarche vertueuse consiste à travailler par filière en commençant par les derniers maillons de la filière (automobile, BTP, ferroviaire...).

Afin d'éclairer notre propos, regardons l'aspect des délais de paiement, au sujet desquels la France a tant légiféré ces dernières années dans la filière transport, puis pour l'ensemble des entreprises (cf. chapitre 4, le § « Les pénalités de retard »). Les exemples sont nombreux de sociétés mises en grande difficulté par manque de trésorerie.

Exemple

> Si le client final d'un hôpital paie systématiquement ses traites en retard, cela se répercute sur l'entreprise BTP, qui le répercute sur ses sous-traitants de rang 1, 2... par simple incapacité de chaque maillon à disposer de la trésorerie nécessaire à honorer ses paiements.

Cet exemple justifie également à lui seul la mission vertueuse de la « Médiation du crédit » en complément du cadre légal.

Conclusion

Le métier Achat va continuer à évoluer. Comme disait Darwin il y a déjà cent ans : « Les espèces qui survivent ne sont pas les espèces les plus fortes, ni les plus intelligentes, mais celles qui s'adaptent le mieux aux changements. » Gageons que les compétences intrinsèques du bon acheteur – celui qui développe une *supply base* durable et agile, qui s'adapte avec les évolutions de son marché et des besoins de son entreprise – le prédisposent non seulement à survivre mais à continuer à grandir. Si le métier de l'acheteur n'est plus un métier jeune, l'acheteur doit rester jeune. Et cela n'a définitivement rien à voir avec son âge.

Nous ne conclurons pas ce livre par un paragraphe sur l'avenir des Achats dans les cinq prochaines années. Nous ne cherchons pas à détecter parmi les signaux forts et faibles si nous allons connaître une phase d'intégration verticale, si les achats low cost vont définitivement être passés de mode, ni si les enchères électroniques vont connaître un nouvel âge d'or avec la mise en place de plates-formes d'achats groupés en BtoB.

Nous avons décrit dans cet ouvrage tous les emplois possibles de l'acheteur qui sert les besoins de son entreprise. Et vous êtes maintenant convaincu qu'il peut créer de la valeur dans tous les domaines. Alors ne sous-utilisez pas vos acheteurs. Ne limitez pas leur action à une négociation, ne les enfermez pas dans un processus, ne les bridez pas par trop de contrôle de gestion... Donnez-leur des challenges incroyables et des objectifs impossibles. Ne bridez pas leur créativité, et voyez grand ! C'est comme cela qu'ils seront les meilleurs. Vous avez besoin d'entrepreneurs : laissez l'acheteur vous apporter le monde.

Bibliographie

Ouvrages

30 leviers au service de l'acheteur public et privé, Jean-Arthur Pinçon, Afnor, 2007.

Achats de prestations intellectuelles, Jean-Luc Gardie, Botega Éditions, 2005.

Achats et développement durable – Enjeux, méthodologies et initiatives, Comité 21, Afnor, 2005.

Acheter mieux que ses concurrents : améliorer son positionnement à l'achat, Xavier Leclercq, Top Edition, 1997.

Choix stratégiques et concurrence : Techniques d'analyse des secteurs et de la concurrence dans l'industrie, Michael Porter, Économica, 1982.

Collaborative Sourcing: Strategic Value Creation through Collaborative Supplier Relationship Management, Michel Philippart, Chrisitian Verstraete, Serge Wynen, Presses universitaires de Louvain, 2005.

Designing and Managing the Supply Chain, David Simchi-Levi, Edith Simchi-Levi, Philipp Kaminski, Mc Graw, 3rd edition, 2007.

Des techniques de ventes aux méthodes d'achats, Denis Cras, Top 2000.

E-achat – Stratégies d'achat et e-commerce, Roger Perrotin, Éditions d'Organisation, 2002.

Être acheteur pour la première fois – Les clés pour réussir dans la fonction Achats, Jean-Christophe Berlot, José-Luis Bustamante, Eyrolles/Éditions d'Organisation, 2006.

Fonction achat en informatique et télécoms, Hermes sciences publication, 2000.

Fonction achats – Contrôle interne et gestion des risques, Frédéric Bernard, Éric Salviac, Maxima, 2008.

Guide de l'acheteur industriel – 200 recommandations pour réaliser des achats gagnants, Louis Laurent, 2e édition, Dunod, 2004.

Guide juridique et pratique des achats, Régis Fabre, Litec, 2002.

Guide pratique – Fonction achats et approvisionnements en PME, Hélène Person, Maxima, 4e édition, 2008.

La fonction achat, Daniel Frécher, Pierre Loisier, Jacques Ségot, Afnor, 2006.

La gestion des risques – Méthode MADS-MOSAR II, Pierre Périlhon, Démos, 2007.

La négociation Achat/Vente, Patrick Caverivière, Hassan Souni, Démos, 2009.

La prospérité du vice – Une introduction (inquiète) à l'économie, Daniel Cohen, Albin Michel, 2009.

La responsabilité sociétale des acheteurs, Michel Joras, Jean Lepage, Éditions d'Organisation, 2005.

La sous-traitance gagnant-gagnant, Jean-Marie Pitrou, Ellipses Marketing, 2007.

L'achat de formation, Jacques Soyer, Éditions d'Organisation, 2000.

L'achat public durable – Outils et méthode pour réussir des achats publics respectueux du développement durable, Philippe Schiesser, Guillaume Cantillon, Le Moniteur Éditions, 2007.

L'achat réussi d'e-learning en entreprise, Bénédicte Garnier, Michel Lisowski, Centre inffo, 2008.

L'avantage concurrentiel, Michael Porter, InterÉdition, 1986.

Le contrat d'achat informatique – Aspects juridiques et pratiques, Valérie Sédallian, Jérôme Dupré, Vuibert, 2005.

Le guide de l'acheteur, Patrick Caverivière, Démos, 2007.

Le management des achats, Jean-Claude Castagnos, Didier Retour, Presses universitaires de Grenoble, 2002.

Le manuel des Achats – Processus, Management, Audit, Roger Perrotin, François Soulet de Brugière, Jean-Jacques Pasero, Eyrolles, 2007.

Le marketing achats – Stratégies et Tactiques, Roger Perrotin, Éditions d'Organisation, 3ᵉ édition, 2001.

Le métier d'acheteur : études de cas – Les chemins de la professionnalisation, Charles Atia, Didier Sébilo, Brigitte Tromeur, Insep consulting, 2005.

L'entretien d'achat – Tactiques de négociation, Roger Perrotin, Éditions d'Organisation, 1991.

Le processus Achat au service de la performance, Patricia. Gély, Jacques. Walter, Afnor, 2004.

Les 7 styles de vente... et d'achat, Patrick Kalason, Puits Fleuri, 2005.

Les Achats – L'abécédaire des mots et expressions utilisés dans le langage des Achats, Jean-Paul Durand et Jean Lepage, Gualino, 4ᵉ édition, 2006.

L'offre économiquement la plus avantageuse – Politique et organisation de la fonction achat, choix des critères et pondération, méthodes d'analyse des offres, Maxime Jacob, Pierre Ravenel, Antoine Pasquier-Desvignes, Jean-Pierre Fourcade, Le Moniteur Éditions, 2006.

Management de la qualité des achats médicaux, Ingrid Renaux, Nadine Taggiasco, Afnor, 2000.

Management des Achats – Décisions stratégiques, structurelles et opérationnelles, Patrick Bruel et collectif, Économica, 2007.

Marketing Achat, André Marchal, Ellipses, 2007.

Markets and Hierarchies, Analysis and Antitrust Implications, Oliver E. Williamson, The Free Press, 1976.

Mieux acheter en entreprise, Franck Lauféron, Afnor, 2008.

Négociez vos achats ! – La méthode des 4 P : Planifier – Positionner – Percuter – Pactiser, Daniel Gérard, De Boeck, 2007.

New Institutional Economics : A Guidebook, Éric Brousseau, Jean-Michel Glachant, Cambridge University Press, 2008.

Nouveaux outils en ligne pour la fonction achat – Savoir utiliser les outils Internet de e-négociation, Christian Rey, Maxima, 2007.

Optimiser les achats par l'analyse fonctionnelle – La méthode OPERA, Jean-Arthur Pinçon, Éditions de la Performance, 2004.

Optimiser ses achats de formation – Analyse des besoins, sélection de l'offre, réduction des coûts, Ali El Makki, Philippe Joffre, Philippe Ouillon, Monique Vaillant, Dunod, 2005.

Optimisez vos achats – Externalisation, e-procurement, places de marché, Guy Hervier, Territorial Éditions, 2003.

Organiser sa fonction d'achat, Hervé Huguet, 2003.

Perfect QRQC : les fondations, Hakim Aoudia, Quintin Testa, Maxima, 2012.

Piloter le processus Achat – Les achats au service de la performance, Patricia Gély, Jacques Walter, Afnor, 2ᵉ édition, 2009.

Politique d'achat et gestion des approvisionnements, Olivier Bruel, Dunod, 3ᵉ édition, 2008.

Profession acheteur, Patrick Caverivière, Démos, 2011.

Réussir des achats publics performants, Marie-Agnès Pourquié, Le Moniteur Éditions, 2008.

Réussir un achat public durable – Retours d'expérience et fiches méthodologiques, Guy Courtois, Pierre Ravenel, Le Moniteur Éditions, 2008.

Stratégies d'achat – Sous-traitance, partenariat, délocalisation, Jean-Michel Loubère, Roger Perrotin, Éditions d'Organisation, 5ᵉ édition, 2005.

The Economic Institutions of Capitalism, Oliver E. Williamson, The Free Press, 1985.

The Gold Mine : A novel of lean turnaround, Freddy Ballé, Michael Ballé, Lean Entreprise Institute, 2005.

The Mechanisms of Governance, Oliver E. Williamson, Oxford University Press Inc, 1999.

The purchasing chess board, 64 methods to reduce cost and increase value with suppliers, Christian Schuh, Joseph L. Raudabaugh, Robert Kromoser, Michael F. Strohmer, Alenka Triplat, Springer, 2ⁿᵈ edition, 2012.

Toute la fonction Achats – Savoirs, Savoir-faire, Savoir-être, Philippe Petit, Dunod, 2ᵉ édition, 2008.

Trois leçons sur la société post-industrielle, Daniel Cohen, Seuil. 2006.

Blog, articles, conférences, sites Internet

« 10 conseils pour réussir l'analyse SWOT », Nathalie Van Laethem, blog stratégie marketing, 15 mai 2010.

« Achats et *supply chain* : identification et management des risques » Conférence ACA, 2008.

« Les effets des modifications dans une relation d'échange industriel : les coûts de mobilité », Olivier Lavastre, IXᵉ Conférence internationale de management stratégique, 24-25 et 26 mai 2000, AIMS, Montpellier, 22 pages.

Olivier Lavastre, « Les coûts de transaction » et Olivier E. Williamson : « retour sur les fondements », Xᵉ Conférence internationale de management stratégique, 13-14 et 15 juin 2001, AIMS, FSA, université de Laval, Québec (Canada), 25 pages.

« How Competitive Forces Shape Strategy » Michael Porter, Harvard Business Review 57, n° 2, March-April 1979, p. 137-145.

« Oliver Williamson et la théorie des coûts de transaction », Michel Ghertman, *Revue française de gestion*, n° 160, 2006, p. 191-213,

« Purchasing Must Become Supply Management », Peter Kraljic, *Harvard Business Review*, September-October 1983.

« Quelle démarche de gestion des risques ? », Rémi Bachelet, 13 octobre 2011.

« Les 36 pratiques abusives dans les relations commerciales », B. Rouzier, février 2013.

gouv.org, economic.gouv.fr : sites du gouvernement.

afnor.org : site de l'Afnor.

iso.org : site de l'Iso.

Articles d'Olivier Wajnsztok dans *Décision Achats*

« Les achats de prestations intellectuelles », novembre 2007.

« Bien acheter des prestations juridiques », février 2008.

« Acheter une prestation de sécurité », mars 2008.

« S'attaquer à l'achat d'études de marché », avril 2008.

« Améliorer ses achats de travaux », mai 2008.

« Achats d'intérim : les astuces pour réduire les coûts », juin 2008.

« Louer son matériel dans les meilleures conditions », septembre 2008.

« Acheter un logiciel de gestion de paie », novembre 2008.

« Gagner du temps sur ses achats non stratégiques », mars 2009.

« Passer ses abonnements télécoms à la loupe », mai 2009.

« Mettre en place des procédures d'achats formalisées », septembre 2009.

« Identifier et anticiper les risques fournisseurs », octobre 2009.

« Substances chimiques : ce que changent les nouvelles règles », décembre 2009/janvier 2010.

« Politiques et stratégies achats », janvier 2010.

« Négocier avec un fournisseur en situation de monopole », février 2010.

« Comment séduire un client interne », mai 2010.

« Réussir un achat de projet », juin 2010.

« Bien préparer une négociation », juillet 2010.

« Réussir la conduite du changement », septembre 2010.

« Comment indexer des prix sur des indices », octobre 2010.

« Gare à la rupture brutale avec un fournisseur », novembre 2010.

« Les avantages de la carte Achat », décembre 2010.

« Le processus Achats », mars 2011.

« La confidentialité fournisseurs », avril 2011.

« Déployer un SI Achats sans fausse note », mai 2011.

« Se prévenir contre la volatilité des matières premières », juin 2011.

« L'acheteur un vecteur d'innovation », juillet 2011.

« Quel contrat pour les prestations de services ? », septembre 2011.

« Les clés pour mener à bien une négociation téléphonique », octobre 2011.

« De l'utilité d'une matrice de la maturité », novembre 2011.

« Comment maîtriser son panel fournisseurs », mars 2012.

« Réseaux sociaux, ces alliés de l'acheteur », avril 2012

« Organiser un bon séminaire Achats », mai 2012.

« Bien orchestrer sa communication interne », juin 2012.

« Déjouer les ficelles des commerciaux », juillet 2012.

« Bien intégrer un nouvel acheteur », septembre 2012.

« *Quid* du marketing Achat ? », octobre 2012.

« Les achats en zone dollar, une figure imposée pour l'acheteur ? », novembre 2012.

« Serez-vous "value-in" ou "cost out" en 2013 ? », février 2013.

« À quoi sert le *redesign to cost* ? », mars 2013.

« À quoi servent les SLA ? », avril 2013.

« Comment calculer les gains Achats ? », mai 2013.

Glossaire

Account payable : dettes fournisseurs.

Account receivable : paiement des clients.

Application Specific Integrated Circuit (ASIC) : circuit intégré propre à une application.

Benchmark : une référence en termes de performance. Les acheteurs l'utilisent afin d'amener leurs fournisseurs ou pratiques au même niveau que ce benchmark.

Category manager : acheteur famille.

Collaborative sourcing : sourcing pour lequel le fournisseur est partie intégrante de la définition du besoin. Il collabore en totale transparence avec l'acheteur. Ensemble, ils trouvent des solutions innovantes et performantes, au juste prix. Les bénéfices sont immédiats. Les coûts sont contrôlés et les relations s'étalent sur le long terme.

Core business : cœur de métier.

Cost avoidance : mesures prises afin d'éviter des surcoûts futurs. Il permet d'optimiser le coût de vie total du produit.

Cost base : coûts non productifs de la société.

Cost killing : identification et mise en œuvre de mesures pour obtenir la baisse drastique des coûts de fonctionnement de l'entreprise. La démarche est systématiquement appliquée à tous les centres de coûts. Elle est devenue fréquemment utilisée en période de crise.

Cost Of Poor Quality (COPQ) : la mesure de la non-performance est faite au moyen de cet indicateur de coût de non-qualité.

Delivery At Place (DAP) : Incoterm apparu avec les Incoterm 2010. Il remplace les Incoterms suivants : DDU (Delivery Duty Unpaid), DES (Delivery Ex Ship), DAF (Delivery At Frontier). Dans cet Incoterm, le vendeur s'occupe des formalités liées à l'exportation et des risques engendrés lors de l'acheminement des biens jusqu'au lieu de destination. Il met ensuite à la disposition de l'acheteur, et sur le moyen de transport, les biens ainsi transportés, prêts pour le déchargement. Le dédouanement à l'import reste à la charge de l'acheteur.

Delivery Duties Paid (DDP) : le vendeur réalise toutes les formalités et supporte l'ensemble des risques liés à l'acheminement des biens jusqu'au site de l'acheteur. Le déchargement reste à la charge de l'acheteur.

Design to cost : démarche développement d'un produit pour qu'il respecte le budget alloué. Les performances du système doivent être maintenues, mais la composante « coût » est intégrée dès le début de la conception.

Downpayment : acomptes aux fournisseurs.

Earning Before Interest and Taxes (EBIT) : en français, « Bénéfices avant intérêts et impôts ». Il s'apparente au résultat d'exploitation. Il s'agit du chiffre d'affaires net auquel on a déduit salaires, cotisations sociales, matières premières, énergie, impôts, taxes, variations de stock. C'est une composante qui mesure la rentabilité d'une activité.

Enterprise Resource Planning (ERP) : « Progiciel de gestion intégré » en français. Il s'agit du système de coordination des fonctions de l'entreprise (production, approvisionnement, marketing, vente, gestion des ressources humaines...).

Facility management : ensemble des services qui permettent le bon fonctionnement d'un bâtiment pour le confort de ses occupants.

First Time Right (FTR) : pourcentage d'échantillons initiaux contrôlés bons du premier coup.

Incoming raw material : stock de matière première entrant ou en réception.

Leading competitive countries ou *Low costs countries* : achat ou sourcing dans les pays à bas coûts ou pays émergents.

Leadtime : délai de fabrication, ou d'achat, ou bien de mise à disposition. Exemple : processing leadtime : délai d'obtention d'un article.

Make or buy : consiste à analyser les activités ou les produits de la société, et à décider s'il faut continuer à les produire en interne ou bien s'il faut faire appel à un prestataire extérieur et sous-traiter leur production.

Make to order : l'entreprise fabrique à la commande, le produit n'est pas stocké mais livré directement au client.

Make to stock : l'entreprise fabrique pour stocker.

Minimum order quantity : le minimum de commande ou la quantité minimale à commander pour que le fournisseur accepte de vendre et de livrer.

Outsourcing : opérations d'externalisation de fonctions ou de processus qui sont sous-traitées auprès de prestataires extérieurs. La décision d'outsourcer concerne souvent des opérations, prestations ou produits qui ne sont pas cœur de métier. Dans le domaine de l'informatique le terme d' « Infogérance » est utilisé.

Plan-Do-Check-Act (PDCA) : ou « la roue de Deming » est une méthode de gestion de la qualité ayant pour objectif l'amélioration de la qualité continue.

Quick Response Quality Control (QRQC) : méthode de management de la qualité fondée sur le constat immédiat des problèmes réels (lieu réel, pièces réelles et données réelles) et un management en quatre étapes : détection, communication, analyse logique et vérification.

Request For Information : questionnaire bâti par l'acheteur (interrogation large du marché) afin de recueillir les informations plus ou moins ciblées, selon ce qui est à étudier, pour les analyser. Il permet d'identifier les fournisseurs aptes à répondre à des *Request For Quotation* (RFQ) ou des *Request For Proposal* (RFP), des appels d'offres, des consultations, des demandes de prix ou de solutions.

Ship and fix : « sous-traiter et réparer ». Idiome utilisé lors d'opération d'externalisation et issu du monde des éditeurs de logiciels. Initialement, « Ship now and fix later » était utilisé pour désigner un logiciel envoyé chez le client bien que non complètement validé ; l'éditeur envoyant par la suite des mises à jour du logiciel. Par extension, l'idiome désigne l'externalisation d'un process non complètement défini et qu'il faudra finaliser par un travail collaboratif avec le sous-traitant. Ce mode de fonctionnement implique un risque car acceptant que les conditions de la commande (prestation et prix) ne soient pas complètement figées.

Slow runners : produits à faible rotation

Sourcing : « démarche de recherche des fournisseurs pouvant le mieux répondre aux besoins de la société acheteuse en termes de coûts, délais, innovation et qualité. Par extension, la recherche d'informations sur les marchés fournisseurs préalable à l'acte de consultation [...] Certains acheteurs élargissent la notion de sourcing en y incluant l'homologation des fournisseurs proprement dite[1] ».

Supplier Relationship Management (SRM) : a pour but la gestion optimale de la relation avec les fournisseurs.

Supply chain : le Supply Chain Management (SCM) est la gestion de la chaîne logistique, de la commande à la livraison, ainsi que toutes les étapes telles que la conception, les approvisionnements, la production, les achats ou encore les transferts. Le SCM, grâce aux outils et méthodologies spécifiques, a pour objectif l'optimisation et l'automatisation des approvisionnements tout en réduisant les délais de livraison et les stocks.

Switching costs (coûts de changement) : barrière à l'entrée impliquant un coût fixe et important, mais non récurrent, pour l'acheteur qui souhaite changer de produit, de service ou de fournisseur.

Team feasability commitment : engagement de réalisation des équipes. Cet engagement n'est parfois possible qu'après la validation issue de simulation numérique, la réalisation de maquettes ou de prototypes. Le produit et l'environnement évoluant, le travail de l'acheteur projet est de garantir cet engagement avec ces évolutions.

Through put time : temps nécessaire pour une matière, une pièce ou un sous-ensemble pour passer à travers le processus de fabrication complet. Aussi appelé : manufacturing through put time.

Time to market : temps nécessaire au développement d'un produit, depuis l'idée jusqu'à la mise à disposition sur le marché pour le client du produit fini. C'est un élément essentiel pour évaluer la réactivité d'un développement par rapport à la concurrence.

---

1. *Management des Achats – Décisions stratégiques, structurelles et opérationnelles*, Olivier Bruel et collectif, Économica, 2007.

Total Cost of Ownership (TCO) : calcul de l'ensemble des coûts directs et indirects liés à un actif ou un produit sur son cycle de vie. Outre le prix facial d'achat, il convient d'ajouter les coûts indirects de l'installation, la formation, les réparations, les temps d'arrêt, le support technique, etc. Ce calcul permet d'évaluer différentes offres entre elles en prenant en compte les mêmes éléments et en tâchant d'être exhaustif dans les coûts significatifs. Aussi appelé « coût de possession » ou « coût de propriété ».

Total Productive Maintenance (TPM) : méthodologie conçue pour garantir que chaque machine dans un processus de production effectue sans défaillances la tâche requise avec un rendement défini. Initialement mise au point par la firme japonaise Nippondenso et le groupe Toyota.

Value Stream Mapping (VSM) : outil de représentation des flux logistiques et d'information lié à un processus. Il représente toutes les actions (à valeur ajoutée ou non) qui amènent à la transformation d'un produit.

Index

A
achats
- critiques 32
- de production 25, 41, 85, 93, 100
- directs XI
- hors production 41, 74, 85, 93, 100
- indirects XI
- levier 32
- marchands XII
- non critiques 32
- non marchands 95
- projet XII, 102
- stratégiques 32

alignement stratégique 1, 11
analyse
- de la valeur 8, 41, 89, 91
- fonctionnelle 89
appel d'offres 60
appels d'offres 14, 17, 22, 62, 76, 80, 172
approvisionnement 35, 128, 154, 181
- chaîne d' X, 127, 187
- coefficient d' 97, 98, 102
- délais d' 109, 128, 129
- sources d' IX, XII
assurance qualité fournisseurs (AQF) 118

B
balance des pouvoirs 103
benchmarks 95, 96, 104

C
cahier des charges 60, 62, 63, 67, 69, 76, 90, 117, 120, 121, 173
cash 79, 80, 111, 147
change
- risques de 112
- taux de 5, 54, 104

charte
- de bonnes pratiques Achats 192
- éthique 143, 186
chiffre d'affaires XII, 5, 10, 14, 15, 16, 17, 23, 39, 40, 96, 107, 148, 165, 178
cœur de métier IX, X, XI, 8, 21, 40, 184
compte de résultat 40, 88, 100, 106, 111, 150
conception par coût objectif (CCO) 89, 96
concessions 50, 131, 142
contrats 27, 45, 65, 78, 79, 101, 102, 115, 117, 159
- cadres 20, 98, 100, 127, 154
contreparties 48, 51
co-opétition 180
cost avoidance 99
cost base 93, 95
cost killing 84, 86, 93, 106
cost of poor quality 122
coût complet 43, 187
- démarche 40, 72
coût de la fonction Achats 97, 98, 102, 106
coûts
- d'acquisition 40, 72
- de mobilité 25
- de transaction 26
coûts/qualité/délais 14, 17, 19, 77, 179

D
délit de marchandage 136
dépendance économique 16, 62, 138, 173
design to cost 41, 88
développement durable 41, 111, 144, 145, 183
devises 5, 40
direction Achats 1, 2, 4, 5, 6, 11, 12, 23, 71, 77

E
effet de levier 40, 165
enchères inversées 63
expression du besoin 43, 89

F
fournisseurs
- audit 125
- développement 124
- évaluation 188
- panel 19, 22, 118
- performance 155
- relations 182, 186
- statut 22
- typologie 12

G
globalisation des achats XII, 97, 103
gré à gré 50, 59, 60, 61

I
Incoterm 153
innovation XII, 7, 11, 12, 13, 14, 22, 23, 64, 80, 90, 94, 104, 170, 174, 178, 188
ISO 26000 190

K
Kraljic (matrice de) 31

L
leadtime 176, 177
livraison 129
loi
- de modernisation de l'économie (LME) 52, 116, 167
- des nouvelles régulations économiques (NRE) 185

M

main-d'œuvre directe (MOD) 81, 82, 83, 163
make or buy 8, 41, 78
marge 39
meilleur prix 58, 68, 179
méthode ABC 18
méthodologies XI, 45
mise en concurrence 32, 50, 59, 62, 103, 173, 181

N

négociation 41
note de cadrage 59

O

outsourcing 10, 163

P

panel
 - fournisseurs 11
 - stratégie de 11
partenaires 11, 15, 17, 35, 78, 79, 187
pays à bas coûts 3, 9, 80, 107, 118, 128, 144, 192
performance Achats XII, 41, 58, 79, 88, 99, 111, 183
plans de progrès 54, 121, 124, 156, 179
politique commerciale 151
position de force 14, 34, 35, 36, 50, 62, 131
prescripteurs 18, 48, 50, 53, 60, 142, 193
prix d'acquisition 40, 77
processus Achats X, XII, 18, 32, 43, 58, 106, 142

R

référencement 19, 125, 127
relocalisation 192
remise de fin d'année 51
rentabilité 5, 73, 97
reporting 2, 17, 86, 97, 157
Request For Information (RFI) 80, 155
responsabilité sociétale de l'entreprise (RSE) 41, 84, 183
résultat net 40
risques 107
 - d'achat dans les pays à bas coûts 144
 - de change 112
 - de fluctuation des matières premières 113
 - d'image 141
 - financiers 111
 - juridiques 131
 - logistiques 126
 - matrice des 107
 - opérationnels 117
 - qualité 117
ROCH (méthode) 90

S

ship and fix 10
sourcing 5, 23, 41, 80, 82, 152, 170, 171, 181
sous-traitance 153, 157, 180, 187, 193
spécifications techniques 61, 89, 173
Supplier Relationship Management (SRM) 181
switching costs 24, 25
SWOT (matrice) 29, 84

T

time to market X, 170, 174
Total Cost of Ownership – TCO 40, 94
transparence 49, 70, 143, 144

V

valeur ajoutée 9, 43, 58, 77, 82, 121
Value Stream Mapping (VSM) 128, 176

W

Wajnsztok (matrice de) 34

Composé par STDI
Achevé d'imprimer :
N° d'imprimeur :
N° d'éditeur : 4815
Dépôt légal :

www.ingramcontent.com/pod-product-compliance
Lightning Source LLC
Chambersburg PA
CBHW061443300426
44114CB00014B/1817